WEIHNACHTEN NEU ERLEBEN

NEUE ERDE

WEIHNACHTEN NEU ERLEBEN

Alte Bräuche – Neue Formen
Wege und Anregungen zum Feiern

Herausgegeben
von Andreas Lentz

NEUE ERDE

Ein Buch der Reihe
»Neue Naturphilosophie«

Erweiterte Ausgabe

4 5 6 98 97

Übersetzung und Bearbeitung
»Das Fest der Wintersonnenwende«
Andreas Lentz
Aus dem Buch von Dolores LaChapelle:

NEUE ERDE Verlags- und Naturwarenvertriebs-GmbH
Rotenbergstraße 33 – 66111 Saarbrücken
Deutschland – Planet Erde

Titelseite:
Illustration von Peter Kretzmann
Foto und Lay-Out von Andreas Lentz

Satz: Neue Erde Satzdienst, P. G.

Gesamtherstellung:
Fuldaer Verlagsanstalt GmbH

Printed in Germany

ISBN 3-89060-007-7

Inhalt

Zu diesem Buch:

Eigentlich soll einen das Weihnachtsfest ja fröhlich stimmen, und all der Weihnachtstrubel um uns herum und die Aufgeregtheit vermitteln uns eine erwartungsfrohe Stimmung und Vorfreude.

Vergessen wir bei all den Vorbereitungen und äußeren Reizen aber nicht allzuleicht den tieferen, eigentlichen Gehalt des Festes? Mischt sich nicht manchmal ein Gefühl der Leere oder des Überdrusses hinein, und alles scheint dann etwas zu laut, vielleicht zu hohl – und die echte, tiefe Freude will sich gar nicht einstellen?

Oft haben wir Weihnachten schon erlebt, aber so schön, wie wir es als Kinder empfanden, war es niemals wieder. – Dieses Buch will Anregung sein, daß wir Weihnachten wieder neu und frisch, ja, wie zum ersten Mal erleben können.

Die Texte sind zum besinnlichen Lesen und Vorlesen – und nacherleben. Bewußt sind wir sparsam mit Rezepten; eine Feier gestalten, das sollen wir von innen heraus tun. Ja, Freude – suchen wir sie nicht zu sehr außerhalb von uns? Die Beiträge dieses Buches wollen nach innen führen, damit wir aus unserem tiefsten Herzen ***Weihnachten neu erleben*** können.

Andreas Lentz

Der Weihnacht Sinn

Mellie Uyldert

Viele ernsthafte Leute haben ein Weihnachtsproblem. Das viel zu üppige Essen und Trinken, das grelle elektrische Licht: es stößt sie ab. Das Fest des Todes: Tausende von Gänsen, Puten und Kaninchen müssen ihr Leben lassen.

Auch das viele falsche Gefühl mögen sie nicht – das nervöse Suchen nach einer Weihnachtsgeschichte, zum Beispiel vom verlorenen Sohn, der am Heiligen Abend im Schneegestöber heimkehrt. Viele Menschen gehen um der schönen Stimmung willen zur Mitternachtsmesse, interessieren sich aber das ganze Jahr über nicht für Gottesdienst oder Kirche.

Weil das alles so falsch oder so grob ist, werden es immer mehr, die ihre Weihnachtsferien im Wintersport oder auf den Kanarischen Inseln verbringen. – Zumindest insoweit ist man aufrichtig.

Was ist Weihnachten nun aber eigentlich – in seinem Wesen? Am 21. Dezember ist der kürzeste Tag und die längste Nacht – die *Mutternacht*. Es ist die Heimkehr in die wohltuende Stille und Dunkelheit des Mutterschoßes der

Erde. Diese Heimkehr begeht man gerne mit seinen wenigen wesentlichen Freunden, mit denen man schweigen und ins Feuer starren kann; um gemeinsam Abschied zu nehmen vom alt gewordenen Jahr, diesem Rundtanz der Sonne und ihres Kindes, der Erde. Es ist der Wendepunkt. Mit jedem ihrer Planetenkinder hat Mutter Sonne im Augenblick, da das Kind wieder einmal eine Wanderung um sie herum vollendet hat, ein Jahr älter geworden ist, ihr eigenes Geheimnis.

Die geweihte Nacht ist ein gegenseitiger Gruß zwischen Mutter und Kind. Daher das Bedürfnis nach Wiedersehen und Versöhnung an diesem Abend. Und daher das Bild von Mutter und Kind!

Die vier *Fest*punkte des Jahres sind sozusagen die vertraulichen Gespräche zwischen Sonne und Erde, vier verschiedene. Am kürzesten Tag ist es ein Abschiedsgespräch.

Die vier Wochen vor Weihnachten sind die innigsten des Jahreskreises. Dann haben Baum und Kraut und Mensch die Arbeit hingelegt, um in das Wesentliche heimzukehren, in den Schoß der Mutter Erde. Sobald das letzte dürre Blatt im Herbst gefallen ist, versammeln sich die Elfen zu einem großen Fest und ziehen sich dann in die Erdkruste zurück. Wenn die Bäume schlafen, ihr kahles Astwerk gegen den grauen Winterhimmel gereckt, träumt ihre Seele dort unten in Frau Holles Reich. Auch die Menschenseele fühlt sich hinabgezogen, man schließt sich in seinem Zimmer ein, um im Geheimen Geschenke und Gedichte vorzubereiten, aber eigentlich auch, um in der Stille allein zu sein. Da trinken wir die Geisteskraft der Mittwintersonne und schlafen wir in der großen Einheit.

Es sind drei Tage und Nächte des Sonnenstillstandes – und so stehen von altersher jetzt auch alle Räder still: die Wagenräder und die Spinnräder.

Man sitzt am Herdfeuer, in dem der »Julblock« langsam sein Leben hingibt, in Licht und Wärme aufgeht. Man ißt die glänzend geriebenen Äpfel und knackt die Nüsse – gleich wie man das Wesen aus der Erscheinungsform herausschält.

Vier Wachskerzen flackern auf dem grünen Kranz; sie stehen für die vier *Fest*punkte im Jahreskreis: Sommer- und Wintersonnenwende, Frühlings- und Herbsttagundnachtgleiche.

Die Flamme der Kerze reinigt die Luft und ionisiert sie, indem sie die Ionen entkoppelt und so Ozon bildet. Oberhalb der Flamme bildet sich ein großes elektromagnetisches Feld, das siebenhundertmal heißer ist als die Flamme selber. Das Licht der Kerze klärt das menschliche Denken und vergeistigt es. Es zieht gute Geister herbei.

Dann, am 25. Dezember, bewegt die Sonne sich vorwärts auf ihrem neuen Weg und geraten die extrovertierten Menschen mit Liebe, Liedern und Tänzen und mit einem Festmahl in ihre Festfreude. Die Tage werden länger, man begibt sich wieder vom Geist her in den Stoff hinein.

Sollen wir einen Weihnachtsbaum im Zimmer aufstellen? – Das Bild ist schön und wahr: es ist Yggdrasil, die Weltenesche, die in ihrem Wipfel die goldenen Äpfel der Weisheit trägt. Sie wächst im Menschen, ihr Stamm ist unser Rückgrat mit dem aufsteigenden Lichtstrom im Rükkenmarkkanal, und ihre Äste sind die großen aus ihr hervorgehenden Nerven, die den Organen Kraft zufließen lassen. Wenn der Hormonstrom, in Licht verwandelt, unseren Wipfel erreicht – die Windungen des Gehirns –, entzündet er die zahllosen Lichter der Gehirnzellen, und der so »erleuchtete« Mensch sagt: da geht mir ein Licht auf! Jetzt verstehe ich alles! – Der Lichterbaum: Sinnbild des erleuchteten Menschen.

Wir tun besser daran, den lebendigen Baum nicht im warmen Zimmer verdorren zu lassen, sondern selber in den stillen, verschneiten Wald hinauszugehen, wo die Sterne zwischen den Ästen hindurchblinken, und unsere Lieder im kosmischen Gesang mitzusingen.

Jetzt, am Wendepunkt der Zeit, wird die große Einheit von außen und innen, vom Gott im Sternenreigen, dem transzendenten, und dem Gott im Seeleninnern, dem immanenten, wieder hergestellt. Zweitausend Jahre lang feierte man die Weihenächte im goldenen Kirchenschrein als Immanenz, jetzt wieder wie unsere Vorfahren im heiligen Wald als Transzendenz, als die allumhegende Große Mutter, die *Limbus maior.*

Es hat jeder Stern am nächtlichen Himmelszelt sein Gegenstück in einer winzigen leuchtenden Gehirnzelle, einem Samen der Weisheit. Wir erkennen uns wieder als kosmisches Wesen und singen zusammen mit Bäumen und Sternen.

Für den Introvertierten ist Weihnachten ein Abschied, Einkehr und Ruhe. Für den extravertierten Menschen dagegen ist es ein Anfang, eine Befruchtung mit kosmischer Lebenskraft. Da wird der Lebensgeist des neuen Jahres geboren, der Sohn des Großen Geistes, einst auch Nuth, der Schwarze Sohn Wodans geheißen, der hinter jenem auf Sleipnirs Rücken saß, als der Allvater in grauen Wolken und Sturmwind über die Baumwipfel einherritt. Später hieß er Uhl und schaute in das Uhl-Loch über dem Herdfeuer hinein, ob in Haus und Hof alles recht zuging. Im Laufe des Jahres änderte sich sein Name in *Al, El, Il, Ol und Uhl;* die Erscheinung der Ewigkeit im Jahresrad der Zeit. Wieder später hießen die beiden auf dem weißen Roß dann Kunne Klaas und Tyl, der Tyl Eulenspiegel, der auf dem Seil tanzte, ins Wasser fiel und dann auf den festen Wall kletterte: aus

Luft und Wasser kam er auf die Erde herab, gleich dem Julbock, der vorn mit seinen Bockshufen auf die Erde springt, hinten aber einen Fischschwanz hat – er durchläuft Luft, Wasser und Erde oder Geist, Seele und Körper: der »capricorn«, der Steinbock, die Gestalt der Sonne von Mittwinter an.

In der Mutternacht wird der Lebensgeist, auch Sonnensohn oder Gotteskind, im Schoß der Erde erweckt. Daher feiert man die Verlobung zu Mittwinter und küßt man sich unter dem Mistelzweig.

In diesen zwölf heiligen Nächten vom 24. Dezember bis zum 6. Januar darf man keine Bohnen essen, denn der Same ist heilig. Am 6. Januar soll die Keimung beginnen, daher bäckt man an diesem Tag ein Brot mit einer Bohne darin. Wer die Bohne in seinem Butterbrot findet, der muß eine Runde ausgeben.

Erst am Frühlingsfest, der Tagundnachtgleiche, wird die neue Pflanzenwelt mit großer Wonne und Freude geboren. So kommen auch die Kinder, die zur Sommersonnenwende gezeugt wurden, zum Fest der Ostara als Baldurs und Nannas zur Welt. Es herrscht von Weihnachten an bis zum Höhepunkt zu Mittsommer die schöpferische Jahreshälfte.

Es hat jeder Mensch seine eigenen Erfahrungen und Erlebnisse mit Weihnachten. So soll man sich äußern in seinen Sinnbildern, jeder nach seiner Weise: das ist lebendiges Feiern, von innen heraus, aus dem Überfluß des eigenen Glücks!

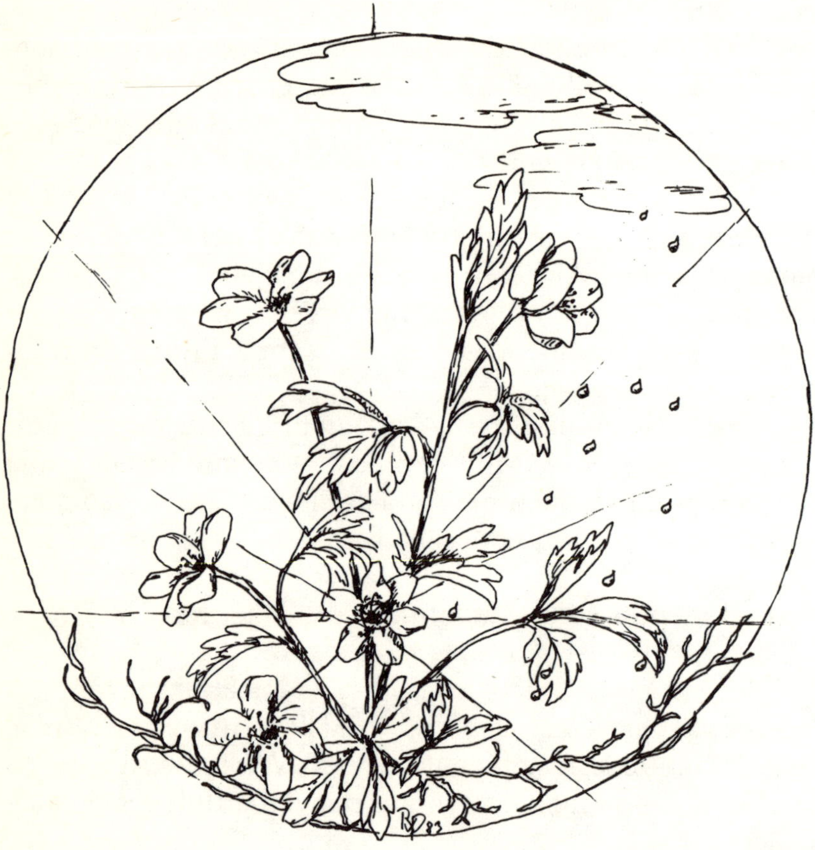

Zu Weihnachten wird auf Hof Springe erzählt…

Die Geschichte vom Weihnachtslicht

Baldur Springmann

Erster Abend

In einer Weihnachtsstube, das wißt ihr ja, ist es so heimelig warm, wie sonst nirgends auf der Welt. Darum hatten ein Mann und eine Frau auch zu Weihnachten die Wiege ihres jüngsten Kindchens in diese Stube gestellt, wo sie mit den älteren Geschwistern gestern den Heiligen Abend erlebt hatten.

Als die Zeit dafür da war, nahm die Mutter das Kindchen auf und legte es an ihre Brust. Die Geschwister durften ein Licht am Baum anzünden. Der Vater machte das elektrische Licht aus und setzte sich mit ihnen in die Kissenburg, die sie um Wiege und Mutter und Weihnachtsbaum im Halbkreis gebaut hatten.

Wenn ihr euch das so richtig vorstellt, dann könnt ihr leicht verstehen, daß der Vater garnicht den Finger an den Mund legen und eine strenge Miene auflegen brauchte, denn die Kinder wurden ganz von selbst ruhig und besinnlich. Sogar Stöpsi, wie sie den zweitjüngsten nannten, hörte auf mit Wühlen und Boxen und Drängen nach dem besten Platz gleich neben dem Vater. Das Kleinchen natürlich durfte schmatzen und stöhnen und in den von Mutter eingelegten Nuckelpausen sein dünnes Stimmchen erproben. – Und das Kerzenlicht durfte ab und zu etwas zischen und knistern. Wenn es das tat, wandten sie ihm alle jedesmal ihre Blicke zu. Dabei merkten sie, bei jedem Male deutlicher und bewußter als zuvor, welch guter Weihnachtsgeruch die Stube durchschwebte; wie er von Äpfeln etwas dahertrug, von Lebkuchen-Gewürzen und allerlei Süßem, wie aber die Fülle seines Stroms vom Wachs des Lichtes her kam und aus der harzenen Herbheit der Tanne. Und jedesmal war es ihnen dann auch so, als brenne das Licht noch ein wenig heller als zuvor.

Derweil hatte die freundliche Stille sich erfüllt. Ihr wißt ja, daß ein solches Stillesein seine eigenen Maße hat, die wir nicht mit der Uhr messen können. Es ist, als hätten wir einen Hauch von Engelsflügeln durch die Stube gehen gespürt, und wir wissen, nun hat die Stillezeit sich gerundet. Darum war es auch nicht vorwitzig von Stöpsi, jetzt zu fragen, was sie ja alle gerne wissen wollten:

»Wie kann das kleine, kleine Lichtlein es denn machen, daß es so hell ist? Das ist ja so doll hell – da sind ja Mutters Äugis ganz leuchterig!«

Da gab es natürlich Getuschel und Gelächter. Aber nichts Bösartiges, nur eine kleine leise Fröhlichkeit, – gerade so blank wie die roten Backen des Posaunenengels am Weihnachtsbaum. Der Vater lauschte der Fröhlichkeit eine Weile und sagte dann:

»Genau darüber habe ich auch die ganze Zeit nachgedacht und es nicht herausbekommen können. Jetzt weiß ich es auf einmal, und das kommt sicher daher, daß unser kleiner Kerl mit seinem Fragen viel klüger war als mein ganzes Nachdenken. Ja, das Leuchten in Mutters Augen und das in deinen und deinen und sicher auch in meinen, darüber freut das Lichtlein sich so sehr. Das ist es, davon bekommt es diesen hellen, glücklichen Schein, und von dem gibt es dann wieder unseren Augen ab. Und daß bei diesem Hin- und Herschenken das Geschenk immer größer wird anstatt kleiner, daran kann man erkennen, daß unser Weihnachtslicht etwas Lebendiges ist. Darüber wundere ich mich nun genauso wie ihr. Denn so wie Pflanzen lebendig sind oder Tiere oder Menschen, so kann es bei dem Lichte ja nicht gerade sein. Aber ein totes Ding ist es eben auch nicht, weil man von einem solchen ja nichts wegnehmen kann, ohne daß es weniger wird. Nur die Lebewesen verstehen manchmal die Kunst, etwas zu verschenken und dabei selbst reicher zu werden. Darum kann es gar nicht anders sein, als daß unser Licht hier lebendig ist, – auf irgend eine seltsame, eine andere Art lebendig.«

»Aber doch so lebendig, daß es richtig geboren worden ist?« ging da das Fragen los, – »... und daß es kleine Lichtkindlein kriegen kann?« – »... und daß es einmal wieder sterben muß?«

»Wenn ich das selbst nur so gut wüßte, wie ich gerne möchte,« grübelte der Vater. »So gut ich kann, will ich euch davon erzählen. Dabei wird es sicher gut sein, wenn wir beim Anschauen des Kerzenlichtes unsere Augen ganz wach und lebendig sein lassen. Dadurch kann man oft viel mehr merken als vom Nachdenken mit untätigen, blicklosen Augen. So, wie unser Stöpsi das ganz richtig gemerkt hat, daß das Helle in dem Licht etwas zu tun hat mit dem Leuchten in unseren Augen.

Nun habe ich euch ja schon davon erzählt, daß Geborenwerden und Sterben nicht der Anfang und das Ende des Daseins sind. Daß es da wie bei einem Kreis eigentlich überhaupt keinen Anfang und kein Ende gibt, aber wie bei einem Rad immerzu Bewegung. Von all dem Bewegen und Schwingen, das es geben mag, ohne daß je ein Mensch davon weiß, ist ein Erdenleben sicher nur ein Stückchen, – es ist das Stückchen Bogen vom großen Kreis, welches sich durch ein Erdenleben hindurchschwingt. Es liegt also nur an der Art unserer Menschenaugen. Was mit der Geburt beginnt, ist das Sichtbarwerden für uns. Und was sich mit der Geburt hineinschwang in unsere Sichtbarkeit, das wird mit dem Tode wieder hinausschwingen, wird zurückströmen als das Einatmen Gottes. Dessen kann ein Mensch ganz gewiß sein, – mit einem Wissen aber, das von ganz anderer Art ist als wie man es aus Büchern lernt.

In solcher Weise nun, denke ich, geht das mit dem Leben eines Lichtes nicht vor sich –«

»Doch,« sagte da das Licht am Weihnachtsbaum, »in ganz ähnlicher Weise kann es sehr wohl zugehen mit einem Lichtleben.

Wißt ihr, eigentlich gibt es ja nur das einzige Eine Licht. Wir Lichter sind alle ein Stücklein davon, groß oder klein, fern oder nah. Viele haben einen Schein, wie ihn zu schauen eure Menschenaugen nicht gemacht sind, und sie klingen Melodien, zu welchen euer Ohr nicht hinreicht. Darum kann ich von der Zeit, als ich im Einen weste, nicht in euren Worten sprechen. Wenn aber eines von uns ein Erdenleben bekommt, warum sollte es dann euren Sinnen nicht zugänglich sein?

Mit mir begann es zu Ostern. Da wurde ich ein Sonnenlicht. Am frühen Morgen habe ich euch gesehen, wie ihr mit euren Krüglein voll Osterwasser durch die taufrische Wiese nach hause gingt. Obwohl es Ostern war, hatte der Sonnenaufgang diesmal nicht die Art, mit feurigen Schwertern in das Dunkel zu brechen und sich wie Siegesglockenklang über die Berge zu schwingen. Ganz sanft und behutsam schoben wir die Dämmerung vor uns her und machten einen hauchleisen Morgen. Ihr erinnert euch seiner gewiß. So wie ich es nicht vergessen habe, daß ich als Erstes von der Erde den Schimmer suchender Besinnlichkeit sah, der mir aus euren Augen entgegenblaute wie aus nebelüberwehten Waldseen.

Als wir aus der Allmählichkeit dieses Anfanges zuletzt doch einen strahlenden Ostertag aufgebaut hatten, da wurde ich in mein Erdenleben hineingeboren. In dem Grün eines Blattes kam ich zur Welt. Es war das Blatt eines Buschwindröschens in eurem Ellernbruch. – Warum schaut ihr mich jetzt aber so unsicher fragend an? Das ist recht hinderlich sowohl für mein Erzählen als auch für euer Verstehen. Wenn ihr etwas erschauen wollt, so muß die Frage in eurem Blick ganz sicher und klar sein. Und wenn ihr auf diese Weise ein grünes Blatt anschaut, – blickt in eurer Erinnerung auf ein Anemonenblatt oder erlebt mit euren Augen solch eine Tannennadel hier! – dann schimmert das Grün aus der Mitte des Regenbogens vor euch auf. Seht ihr es? Und merkt ihr auch, daß es garnicht woanders sein könnte, das Grün, als in der Mitte, zwischen dem geheimnisvollen Blau und der Lichtfarbe Gelb?

Seht nur, wie hell ich mich darüber freue, an dem Aufschimmern in euren Augen zu merken, daß die Erinnerung an den Regenbogen nun in euch lebendig geworden ist! Dieses Erinnern ist zugleich auch ein leises Ahnen von dem, was eure Voreltern in fernen Zeiten auf ihre Art ganz deutlich wußten. Sie nannten diesen Bogen die Brücke, auf welcher die Götter zur Erde schreiten. Das sind für euch Worte geworden, die keine Melodie mehr haben, nur noch den Hauch eines Klanges, als wenn aus fernen Tälern der Wind für einen Augenblick Waldhornklang an eurem Ohr vorüberweht.

Eine seltsame Traurigkeit wie Fernweh zieht wie der Schleier hinter einer Fee hinter solchen Gedanken in euch her. Es ist eine gute Traurigkeit, aber ihr dürft nicht darin verschwimmen, sonst gelingt es euch nicht mehr, an Näherliegendes zu denken. Etwa an die garnicht so fern liegenden Worte, welche der aus eurem Volke geborene Mensch Johann Wolfgang Goethe gefunden hat, um seine Anschauung des Regenbogens darzustellen. Das ist alles in eurer Jetztzeit noch recht lebendig wirksam und mag solche Wirklichkeit wohl auch noch weit ins Kommende hinein erhalten. An einiges davon möchte ich euch nun erinnern:

Ihr Menschen könnt euch, indem ihr Licht in geschliffenen Gläsern einfangt, ein Abbild vom Regenbogen machen. Ihr nennt es Spektrum. Forschender Menschenverstand hat über dieses Spektrum viele kluge Dinge ersonnen, während geschickte Menschenhände damit herumprobierten. Wenn man es mit dem lebendigen Regenbogen vergleicht, ist dies Erforschte aber nur ein Stückwerk, Falsches und Richtiges durcheinandergewürfelt, wenn man dabei vergißt, daß man im Spektrum ja nur sein totes Abbild betrachten kann.

Euer Goethe hat auch mit dem Spektrum geforscht, aber er hat dabei nie die innere Anschauung des Vorbildes verloren. In solcher Anschauung geschieht, wie eine erste knospenhafte Lebensregung, das Durchspinnen der Luft mit Wasserschleiern, wenn Regenwolken übers Land ziehen.

Es zerteilen sich die Wolken in ihrem wallenden Wechsel, und das Weltenweben wirkt Ströme von Licht in das zarte Gespinst. So baut sich der Lebensbogen über die Erde, den Menschen ein Sinnbild, wie durch das Wesen von Wasser, Luft und Licht das göttliche Sinnen vom Leben auf unserer Erde Gestalt ertastet.

Ihr Menschen seid nun so beschaffen, daß ihr auch sehr andere als solche Goetheschen Gedanken angesichts des Regenbogens haben könnt. Etwa indem einer daran denkt, daß mit dem Violett das Spektrum nur in seiner Sichtbarkeit aufhört. Es folgen weitere Abtönungen, welche die Forscher Ultraviolett genannt haben. Das bedeutet «jenseits von violett». Und es ist wirklich so, daß dieses Ultraviolett eine erste Stufe, ein erster Schritt ist ins unsichtbare Jenseits, in eine ganz besondere Unendlichkeit. Nach der anderen Seite des Spektrums, nach dem Infrarot hin, ist es das selbe: Es tastet der forschende Mensch weiter und weiter, wie auf einer Leiter, deren Stufen ihn dem Unendlichen immer näher bringen. Und wenn dieser Forscher einer von den Menschen ist, die durch ihre Forscherbrille nur noch die toten Abbilder des Lebendigen sehen können, dann meint er, an eine Unendlichkeit zu rühren, vor der ihm angst und bange werden muß. Nach dieser wie nach jener Seite hin fühlt er die Sprossen besagter Leiter immer unfaßbarer werden, die Hände seines Verstandes greifen ins Leere, Schwindel ergreift ihn und Entsetzen, daß er sich so weit vorgewagt hat über diesen grauen Abgrund des Nichts.

Trotz allen Wagemutes ist dieser Forscherweg ein Irrweg. Euch vor diesem Irrtum zu bewahren, braucht ihr nur eines: Das Bild des wirklichen Regenbogens immer so lebendig in eurer Erinnerung behalten, wie Goethe es gekonnt hat. Dann wißt ihr ganz genau, daß es mit den lebendigen Farbwesen ganz anders sein kann als mit dem armen, auf einer Leiter im Laboratorium festgenagelten Leichnam des Spektrum. Anstelle der starren geraden Leiter sind schwingende Bögen und Kreise die Wege, auf welchen euer Sinnen dem Farbenreigen folgt. Auf solch einem Widerbild und Spiegelbild, einem Kreisbogen, dessen Rücken über die Erde streift, kann man sich ganz sinnfällig das Grün in der Mitte denken. Und genau so ist es auch in aller Wirklichkeit. Aus Licht und Dunkel, Gelb und Blau gemischt, genau dort in seiner Mitte, wo kosmisches Lichtkreisen unsere Erde streift, ist das Grün der Urquell und die Wiege allen Lebens.

Und so kommt denn, laßt mich euer Sinnen an die Hand nehmen und von den unsichtbaren Welten des Farbenkreises dorthin in euren Ellernbruch führen, wo ich im Grün des Buschwindröschens zum Erdenleben geboren wurde. – Mögt ihr auch noch?«

Als es dies fragte, begann das Kerzenlicht wie aus einer leichten Unruhe zu spielen und zu flackern.

Derweil hatte die Mutter das Kleinchen in die Wiege gelegt, wo es in seiner Sattheit sogleich einschlief. Ein Daunenfederchen hatte sich aus dem Deckbett halb herausgestohlen und wurde von dem zufriedenen zarten Atem hin und her bewegt. Dahin schauten sie jetzt alle. Was man überall auf der Erde bei rechtem Schauen sehen kann, das sahen sie da: Wie Gottes Hand behutsam und unaufhörlich die kleinen Pendel junger Leben zum Schwingen bringt.

»Liebes Weihnachtslicht«, sagte die Mutter, »du hast uns froh gemacht. Durch den leuchtenden Farbenkreis hindurch hast du uns gelehrt, viel einsichtsvoller auf das zu schauen, was der Vater vom ewigen Kreis des Lebens erzählt hat. Darum möchten wir unbedingt weiter zuhören, wie du von dir erzählst und all dem, was uns die Welt erst rund und richtig sehen läßt.

Nun aber muß meine kleine Gesellschaft sich zunächst mit belegten Broten befassen und heißen Würstchen. Und wenn dann, hm, – vielleicht – noch Obstsalat hinzukommt und klarer Apfelsaft, dann werden auch die Bäuchlein rund und richtig. Und ganz rundvoll wird dann unser erster Weihnachtstag sein, und wir alle dann sicherlich so sehr müde, daß höchstens noch ein kleines Gute-Nacht-Lied zustande kommen kann. Findest du, liebes Lichtlein, das nicht auch?

So wollen wir dich bitten, ob wir nicht morgen wieder zu dir kommen dürfen. Denn ohne dein Erzählen, wie sollte aus dem Tag morgen das werden können, was wir uns so sehr davon wünschen, ein richtiger Weihnachtstag?«

Damit war die Mutter aufgestanden und zum Weihnachtsbaum hingegangen. Sie legte ihre Hand jetzt wie eine wohnliche kleine Igelhöhle hinter das Licht, bevor sie es mit ihrem sanften Atem zur Ruhe brachte.

Im Dunklen dachten sie alle: Nichts kann doch so gut runde Bäuchlein machen und Müdes zur Ruhe bringen wie Mutters Hände.

Zweiter Abend

Das Licht ward wieder angezündet wie am Abend zuvor, und der Vater meinte:

»Bevor wir still genug geworden sind, um unserem Weihnachtslicht zuhören zu können, will ich euch zwei Fremdworte erklären. Die haben beide etwas mit dem zu tun, was das Licht uns gestern erzählt hat und heute erzählen will. Darum möchte ich gerne, daß ihr sie richtig versteht, wenn ihr sie in der Schule oder sonstwo hört. Das eine heißt ›Chlorophyll‹. ›Chloros‹ bedeutet im alten Griechischen grün und ›phyllos‹ Blatt. Diese Blattgrün, welches also damit gemeint ist, müßt ihr euch nicht wie eine auf eine Gartenbank oben drauf gepinselte Farbe vorstellen, sondern als einen im Inneren das ganze Blatt durchfärbenden Stoff. Dieser Stoff befähigt die Pflanze zur ›Photosynthese‹. ›Synthese‹ heißt Zusammenstellung oder Aufbau, und ›Photos‹ ist das Licht. Durch ihr Chlorophyll, ihr Blattgrün, kann die Pflanze also mit Hilfe des Lichtes die Stoffe aufbauen, aus denen sie besteht, und – – –«

»Aber das Lichtlein hat das doch nicht so gesagt, daß es dem Buschwindröschen bei was geholfen hat«, hatte Stöpsi einzuwenden, »es hat doch gesagt, daß es ganz innen drin im grünen Blatt richtig gebohrt ist.«

Nach diesem Ausspruch, das könnt ihr euch vorstellen, konnte von Stille in der Weihnachtsstube zunächst kaum die Rede sein. Wir aber wollen uns merken, daß wir uns nicht all zu ängstlich an die Regeln klammern dürfen, die wir uns ausgedacht haben, um uns das Leben zu erklären. Denn das kann man doch einsehen, daß es heute eben diese Heiterkeit war, aus welcher sie die Stimme des Weihnachtslichtes wieder hören und verstehen konnten.

»Wie gut der kleine Mann aufgepaßt hat«, sagte es,

»aber Vater hat ja nicht von dem gesprochen, was ich erzählt habe, sondern von jenen Fremdworten. Wenn man mit denen Bescheid weiß, dann kann man die nützlichen wenigstens von den aufgeplusterten Wortungetümen unterscheiden, mit denen manche Menschen sich nur wichtig tun wollen. Und man merkt es dann gleich, wenn da überhaupt nur etwas ganz Einfaches drinnen steckt oder ein großer Unsinn.

Auch was ich jetzt zu erzählen habe, ist etwas ganz Einfaches, aber man braucht kaum Fremdworte dazu. Und wenn man etwas von dem Sinn spüren will, dann muß man sich in seiner Erinnerung ganz lebendige Bilder machen. Ein lebendiges Bild vom Buschwindröschen müßt ihr in euch immerzu wachhalten, wenn ich jetzt von meiner Erdengeburt weiter erzähle; ein Bild von dem heiteren Gefieder seines bescheidenen Blattwerkes, so wie es wirklich zu Ostern den Ellerbruch begrünt; und darüber den Blütenstern, wie er sich in klarer Einfalt dem Himmel öffnet.

An jenem Tag also zog ich meine Bahn auf der leuchtenden Spur des Farbenkreises. Und als dessen unterer Bogen sich durch das zart aufsprossende Anemonenblatt rundete, war mir, als träte ich in eine Kirche aus grünem Glas. Ganz andächtig war ich und zugleich so glücklich wie ein Mensch, der seine Arme weit, weit ausbreitet. Mit ebenso weit ausgebreiteten Armen kamen mir da drei Wesen entgegen. Wir wußten genau, daß wir innig zueinander gehörten, wir umschlossen einander. Wir erlebten das Glück, welches es nur im Bereich des Lebens gibt, wenn man sich ganz in ein anderes Wesen verliert und gerade dadurch sich selbst erst richtig findet.

Wer die drei Gesellen meines Glücks gewesen sind? Um etwas von ihnen zu verstehen, haben eure Forscher sich tote Abbilder von ihnen gemacht. Und die Namen, welche ich jetzt nenne, sind nur die dieser Bilderpuppen, das dürft ihr nie vergessen.

Sauerstoff heißt eine von ihnen. Das lebendige Wesen, die Wirk-Kraft, die in diesem Sauerstoff einen Abdruck findet, manchmal sich auch besonders gut darin auswirken kann, das webt immer da, wo Leben erweckt werden soll. So geht es ja auch bei der Menschengeburt in der Weise zu, daß die Artkraft des Sauerstoffes ihn befähigt, auf seinen Händen das Eigenleben zu tragen, welches mit dem ersten Atemzug in das Kind hineinströmt.

Diesen Lebensstoff fühlte ich dennauch zuerst am stärksten in dem neuen Wesen wirken, als welches ich aus der Tiefe der Umarmung in der grüngläsernen Kirche hervorstieg. Solch Wesen, wie ich es nun in meinem Buschwindröschenblatt war, nennt ihr Stärke. In allen Blättern und in allen Gräsern in Wiese, Feld und Wald wird – solange sie grün sind – auf diese Weise immerzu Stärke geboren. Das Leben hat viele Wiegen; eine ist diese vielhunderttausendfach in jedem Augenblick geschehende Urgeburt, ohne welche weder Mensch noch Tier auf Erden sein könnten. Hüter und Wächter dieses Wundergeschehens ist auf der Erde nun weithin der Mensch selbst geworden. Und diejenigen, die sich nach Kräften redlich bemühen, ihrem Wächteramt gerecht zu werden, nur sie darf man eigentlich Bauer nennen.

Aus den grünen Blättern, wo sie alle, so wie es mit mir geschah, geboren werden, strömen die Stärkewesen durch alle Gewebe der Pflanzen und helfen beim Wachsen, Blühen und Fruchten. Beim Reifwerden trocknen die meisten zu feinen Körnchen, dem Mehl, zusammen, welches für euch Weizen und Kartoffeln so nahrhaft macht. Viele tausend solcher Körnchen eßt ihr mit jedem Happen Brot, und ein jedes von ihnen ist in der grüngläsernen Kirche geboren, in einem jeden ist etwas von meinen Lichtgeschwistern darinnen, – Licht, richtiges Himmelslicht! – zusammen mit der Kraft des Lebensstoffes und der beiden anderen Stoffwesen, von denen ich nun noch erzählen muß.

Wie ich als breiige Stärke den Leib des Buschwindröschens durchströmte, merkte ich, daß von meinen Geschwistern bald hier, bald dort eines in seiner Bewegung zu zögern begann. Seine quellige, gallertartige Geschmeidigkeit erstarrte zu festeren Formen, die sich in die tragenden Gerüste der grünen Wände einbauten, welche unsere Bahnen umkammerten. Kammer um Kammer sah ich diese Geschwister türmen in planvollem Werk, durch welches ja erst die zierliche Gestalt der Anemone in Erscheinung trat.

Cellulose nennen eure Forscher das, was aus meinen Geschwistern geworden war, und Kohlenstoff, das Abbild der Gestaltungskraft, die sie zu solchen Zellbaumeistern hatte werden lassen. Wenn ihr ein vorsichtig verbranntes Stück Holz betrachtet, dann seht ihr an dieser Kohle recht gut, wie sehr der Kohlenstoff der Gerüstbaumeister ist. So fest und starr kann dieser Geselle sein, daß er das Vergehen und Verwesen versunkener Wälder Jahrtausende überdauert. Als schwarze Kohle bringen unsere Bergleute ihn aus den Gründen hervor, und an seinem Glanz könnt ihr noch die Erinnerung an die Lichtstunde im Pflanzenblatt schimmern sehen.

Auch ich fühlte natürlich das Wirken und Wollen dieses gestaltbildenden Erdenstoffes in mir, wie er immerzu versuchte, die umherschweifende Wandelbarkeit des Lebensstoffes zu bändigen. Aber vom ersten Augenblick meines Traumerwachens als Stärkekörnchen im grünen Blatt fühlte ich in mir ein Heben- und Schwebenwollen, – das

Wirken des dritten der Wesen, in deren Umarmung ich hineingeboren war. Und das erfüllte mich nun mehr und mehr mit einem Ahnen und Sehnen nach Leichtigkeit, nach Freiheit, bis ich endlich vom Drängen dieses Feuerstoffes aus der Form gehoben wurde, in welche meine Erdenstofflichkeit und Lebensstofflichkeit mich bannen wollten. So kam es, daß ich keine Stärke mehr war, sondern etwas so ähnliches wie das, was ihr Zuckerwasser nennt.

Zusammen mit anderen Geschwistern, denen es wie mir erging, strömte ich durch die Flure und Gänge unseres Pflanzenleibes. Windend und schmeichelnd durchspielten wir die biegsam gespannten Häutchen, an denen jene anderen erdenstoffstarken Geschwister baumeisterten. Wir spürten, wie das ganze Pflanzenwesen unsere Befeuerung miterlebte. Immer feinere und luftigere Kammern bauten sich, in welche wir immer leichter und höher aufstiegen. Ätherische Öle und Farbstoffe nennen eure Gelehrten das, wozu wir uns emporbildeten, während das Buschwindröschen in Beseeligung aufblühte.

Blühen – für uns bedeutet das, den Feuergesang unseres Sterbens zu jubeln. Von unserer Sterbefreude getragen, drangen wir in den schlanken Türmen der Staubgefäße empor. Andere schmolzen sich in das Schleiergewebe der Blütenblätter, erfüllten es mit weißer Reinheit und überschimmerten es mit dem zartesten Hauch von Rosa. Es verstrahlte sich Lichtgeborenes aus seinem Pflanzensein in Farbenschein, verströmte sich als Blütenduft ins All, verstäubte sich von den Zinnen der Türme. Federleichte Wolken von Blütenstaub stiegen der Sonne entgegen.

Mir aber war es anders bestimmt. Gerade, als ich von der Schwebekraft in mir leicht genug geläutert war, um mich versterben zu können, umfing mich etwas wie ein traumhaftes Netz und bettete mich zu einer langen Ruhe.

Auch meine Erinnerung an diese warme und gute Tiefe will ich euch zu erzählen versuchen.

Zuvor möchtet ihr aber noch den Namen wissen, den das Abbild jenes Feuer- und Schwebestoffes bei euren Chemikern hat: Wasserstoff nennen sie ihn – ein unsichtbares Gas, jedoch immernoch mit der Schwebekraft seines Urbildes begabt.

Ihr müßt nicht meinen, daß ich es bedauerte, daß ich mich nicht so wie meine Geschwister aus der Buschwindröschenblüte verströmen durfte. Das Glück des sich Verströmens – ich erlebe es ja nun in ganz ähnlicher Weise, während ich aus meiner Ruhestatt von Honigduft und Bienengesumm hervorsteige. Es sind ja nicht losgelöst vom Gedankenreich schwebende Dichterworte, die Lichter und Blüten vergleichen. Es geschieht ja – in eurer schönen Erdenwirklichkeit! – wirklich etwas sehr ähnliches, wenn Blumen erblühen und wenn Wachskerzen erleuchten. Es geschieht hier wie dort aus der Wirklichkeit, dem Wirken von Lebensstoff, Erdenstoff und Feuerstoff – Sauerstoff, Kohlenstoff und Wasserstoff, wie sie bei euch sagen –, daß die in der grüngläsernen Kirche begonnene Umarmung mit dem Lichtwesen sich sanft löst. Es geschieht hier wir dort, daß bei diesem Aufstrahlen von Duft leuchtender Farbigkeit und Wärme ein Lichthaftes seine bisherige Gestalt auf jener Spur des Farbenkreises verläßt, die in die ewige Unsichtbarkeit weist. Und es kann hier wie dort geschehen, daß ein Erblühen, ein Erleuchten besonders froh und hell wird, weil es in erinnernden Menschenaugen Widerschein findet.

Frühjahrsgeschehen und Sommerglück der Wirkzeit des Lichtes im Pflanzenwesen hat mein Erzählen versucht euch nacherleben zu lassen. Nun möchte ich Winterwunder in euer Erinnern hineinerzählen. Ein Ahnen solcher Winterwundersamkeit streifte mich damals schon, als mit mir und meinen Lichtgeschwistern sich das ganze Buschwindröschen auf den Flügeln des Feuerstoffes zum Blühen auftat. Es streifte dieses Ahnen mich, als ich mit ansah, wie inmitten all dieses sich Aufhebens die Lebensstoffkräfte ein Trichtergebilde woben, welches die Erdenstoffhände alsbald in ihre sichere Obhut nahmen; als ich mit ansah, wie eine Anzahl meiner lichtgeborenen Pflanzenstoff-Geschwister von diesen trichterbildenden Kräften in ein Rinnen gebannt wurden, in ein Sintern und Träufeln, das sie zu innersten Tiefen zog.

Und dann bald geschah es mir, daß ich in jenem aus sechseckigen Maschen gewobenen Netz zur Ruhe gebettet wurde, aus welchem ihr mich jetzt erweckt. Zur Ruhe geleitet wurde ich durch Träume, wie eben Licht- und Pflanzenhaftes zu träumen vermag. Zunächst waren es flache Träume, die mich ängstigten. Sie waren durchraschelt von welkendem Laub, durchheult von stiebendem Herbststurm. Vor solcher Gewalttätigkeit floh ich in immer wilderer Flucht, und, als ich ein Tor sah, mit dem die Erde sich öffnete, ihm entgegen wie einer rettenden Insel. Die Schwelle dieses Tores war aber so beschaffen, daß sie alle Hast und Angst aus mir herauslöste und mich verhielt, ein Zeitlein unter dem das Tor umrankenden Rosenzweig zu verharren.

Da streuten die von einem frühen Frost gelösten Blütenblätter ihre sanfte Trauer über mich aus. Und in der Umhüllung dieses samtenen Mantels fand ich zu dem warmen Dunkel, welches die eigentliche Mitte und Tiefe meines Traumes war.

Es führte mich dieser Traum, während ich schon im Wachsbettchen schlief, noch einmal zurück zu den Geschwistern, welche ich zuletzt durch den Trichter am Grund des Buschwindröschens zur Innerlichkeit zusammenrinnen gesehen hatte. Mit Lebens- und Erdenkraft sah ich sie nun an der Samenschale bauen, die sich bergend wölbte wie der Leib der mit einem Kindlein gesegneten Mutter. In solch guter Hut also, das weiß ich seitdem, kann Wärme- und Lichtwirken durch die Winternacht hindurch schlafen. Und die Wiege, in welcher sie schlafen, das ist der Keimling, dieser leise glimmende Docht des ewigen Öllämpchens.

Der frühlingsgewisse Schlaf des Samens im Erdendunkel war so fromm, daß sich mir gleichsam die Hände falteten. Wenn Lebendiges sich derart um seine Andacht rundet und schließt, das wißt ihr ja auch, dann wird ihm Erinnerung geschenkt. So wie ich mich des einzigen Einen Lichtes entsinne, aus welchem ich bin, so ganz ähnlich sah ich nun das Wesen des Buschwindröschens in Gottes Gedankenewigkeit, wohin die Blütenduftgeschwister es hatten verströmen dürfen.

Ich sah diese Geschwister, einbezogen in das Schwingen des Sonnenkreises. Ich wußte, daß der Klang dieses Kreises sie wieder herabschwingen wird, wenn er den Frühling läutet. Ich wußte das so, wie auch der schlafende Keim selbst es weiß, daß diese aus dem Ewigen herabreichenden Gottesgedanken ihn bei seinem Hervorbrechen aus der Erde mit ihren Bildekräften umwehen werden, sodaß zart offenes Erdenleben sich Gestalt ertasten kann; die einmalige, nie wiederkehrende, noch nie dagewesene Gestaltung, _ sie aber, wie ihre tausend mal tausend von ihr verschiedenen Erdengeschwister, die Verwirklichung des gleichen Sinnes.

Derart rundete Traumtiefe den Bogen meines Erdenlebens, als euer weihnachtliches Tun mich aus meinem honigumdufteten Schlaf weckte. Und es ist, weil ihr die Kerze auf den lebensgrünen Zweig gesteckt habt, und es ist, weil es in der tiefen Stille der dunkelsten Nächte geschieht, daß ich euch dies alles habe erzählen können. Und es ist mein fröhliches Verbrennen, welches ihr ja nun verstehen könnt, für eure weihnachtlichen Augen so fromm anzusehen, daß nun ihr es seid, deren Hände sich falten. Nun schließt ihr mit dieser Geste euer Erdenleben um die Andacht, in deren Geborgenheit Erinnerung leuchtet.

– leuchtet«, sagte das Licht noch einmal. Dann erlosch es in die Stille der Weihnacht.

Scheu und tastend suchen Menschenworte ihren Weg auf der Leuchtspur der unser Dunkel durchschwingenden Kreise.

Sie sagen Ewigkeit und meinen den Ort, an welchem die aufstrebenden Farbenbögen sich zum Kreise schließen – und der kein Ort ist. Sie nennen das »Dort« gegenüber dem Erdengrün den »Ort des Purpur« und meinen eine Farbe, die keine Farbe ist. Jetzt, in der Innigkeit unserer Erinnerung, spüren wir etwas von dem »Purpur«, spüren ein majestätisches Brausen, ein alles Umfassen, alles Einbegreifen, was es an Farbigkeit geben kann; – spüren zugleich ein alles Durchdringen, einen Hauch allerzartester Herzinnigkeit, – zugleich auch letztes, fernstes Verwehen von Farbwesenhaftigkeit.

Wir merken, daß unsere Worte dort umhertasten, wo ist: Gott. Und wir merken, daß kein Menschenwort das Eigentliche erreichen kann. In den geweihten Nächten jedoch ist unser Bewußtsein wacher und der Erinnerung und dem Erlebnis weiter geöffnet, daß klingende Kreise aus der Unendlichkeit durch unsere Menschenerde hindurchschwingen. Buschwindröschen, – Schmetterling, – Reh, – Menschenkind, – so fallen die Klänge herbei, um sich hier in sterblicher Gestalt zu erleben.

Das Eigentliche, Letzte umschreitet das Menschenwort immer noch, ohne es anrühren zu können. Was wir aber mitten durch unser Herz hindurchfahren spüren, Helles und Dunkles, Gewaltsames und Zartes, Fremdes und Vertrautes, – sei es was es sei, wenn wir es nur wirklich und wirksam in uns spüren: Das ist es, dessen wir ganz gewiß sein können. Noch so zarte und vorsichtige Worte wie »Purpurschein« oder »Weltengrund«, sie entfernen uns nur von ihm. Was uns im Inneren berührt und was wir jederzeit, indem wir uns seiner erinnern, anrühren können, das ist es. So nahe ist es uns, so einfach. Dennoch sondern wir uns immer wieder ab in unser Vergessen hinein.

Jetzt steht es hell in unserer Erinnerung: Jeder von uns hat die Möglichkeit, jeder nach seiner Eigenart sicher eine etwas andere Möglichkeit, aber doch ganz sicher das Vermögen, sich zu einem wohlabgestimmten Instrument zu machen, mit allem Wollen und Bewußtsein dabei zu sein, wie Gottwesen den Erdenbogen durchklingt. Wir müssen uns nur dieser Möglichkeit erinnern, und schon ergreift es uns ebensosehr wie wir es ergreifen. Und nur dann sind wir richtige, ganze, heile Menschen.

So ist der Weg zum Heil der vom Vergessen zum Erinnern. Und das Geschenk des Lichtes in den Mittwinternächten, daß es uns zu heller Erinnerung führt.

Kultsymbolik der Wiedergeburt

Die Neugeburt des Lichtes zur Wintersonnenwende in der Anschauung des Menschen von der Steinzeit bis heute

Andreas Lentz

Alles Leben kommt von der Sonne, ihre wohlabgemessene Strahlung an Licht und Wärme ermöglicht das wunderbare Leben auf der Erde. Wer sich einen Sinn dafür bewahrt hat, spürt auch, daß die Sonne mehr sein mag, als das, was die Physik uns über sie zur Kenntnis gibt.

»Brüder, zur Sonne, zur Freiheit!«, so ein Ausruf – immerhin ein Lied aus der Neuzeit und von Leuten gesungen, die sich als Materialisten verstanden – verrät das Metaphysische der Sonne, das in uns lebendig ist. Denn natürlich wollten sie nicht tatsächlich zur Sonne, sondern meinten sie es in übertragenem, sinnbildlichem Sinne, womit sie der Sonne (unbeabsichtigt?) eine metaphysische Qualität zuschrieben.

Nach der ganzheitlichen Anschauung der Naturphilosophie ist die kosmische Wirklichkeit Entsprechung der mikrokosmischen Wirklichkeit in uns, wie auch umgekehrt. Demnach hat auch die Sonne eine Entsprechung in uns, und dies ist der »Solar plexus«, das Sonnengeflecht als Körper- und Seelenorgan. Wenn wir vom Herzen sprechen, ist uns diese Doppelbedeutung noch geläufig, und so sieht die Naturphilosophie den ganzen Körper als Entsprechung der Seele, oder auch umgekehrt. Das Sonnengeflecht als Seelenorgan ist die Antenne der Intuition, über dieses Organ sind wir an den Kosmos angenabelt, so wie wir im Mutterleib körperlich hier angenabelt waren. Zugleich ist das Sonnengeflecht (oder der Nabel) der Mittelpunkt, die Achse oder Nabe des Menschen, wie die Sonne Achse und Mittelpunkt unseres Sonnensystems ist.

Unsere heutige Lebensweise hat uns von der Sonne entfremdet, unser Organ Sonnengeflecht ist verkümmert, selten nur schauen wir noch einen Sonnenauf- oder -untergang. Der Drang, wenigstens im Urlaub möglichst viel Sonne zu bekommen, verrät den Mangel.

Diese Entfremdung von der Sonne als physischem *und metaphysischem* Wesen, aber auch als innere körperlich-seelische Wirklichkeit, hat sehr viel damit zu tun, daß wir einen rechten Zugang zur tiefen Bedeutung des Weihnachtsfestes verloren haben. Die Feste sind die festen Punkte im Jahreslauf, die das Phasengeschehen markieren. Das können wir uns am Tageslauf sehr gut veranschaulichen, besonders markant sind hier Sonnenaufgang und -untergang, die entscheidende Fixpunkte darstellen, die wir auch heute nicht ignorieren können.

So wie der Tag seine hellste und die Nacht ihre dunkelste Stunde hat, so hat auch das Jahr seine Tag- und Nachthälfte, seine hellsten und dunkelsten Tage und seine Dämmerungs- oder Übergangszeiten, seinen Mittag und seine Mitternacht.

Damit sage ich natürlich niemandem etwas Neues, wir wissen das ja alle. Doch unser »Wissen« davon unterscheidet sich von dem, was ein Steinzeitmensch davon wußte. Denn unser Wissen ist arm geworden an Erlebnis und Erfahrung, es berührt uns nicht wirklich, bleibt an der Oberfläche.

Der Mensch vor einhunderttausend, zehntausend oder auch noch tausend Jahren war in einem Maße in die Rhythmen der Natur eingebunden, wie wir uns das kaum noch vorstellen können. Ohne Abreißkalender, Zeitansage und Wetterbericht war er darauf angewiesen, die für sein Überleben notwendigen Informationen aus der Beobachtung der Naturvorgänge selbst herauszulesen. Zugleich empfand er das Naturgeschehen nicht als von sich getrennt, sondern wie es um ihn herum stattfand, so ging es auch in seinem Inneren vor. Zahllose Mythen und Märchen belegen das, und mit dem rechten gedanklichen Werkzeug erschließen uns dies auch die Symbole.

Aus China kennen wir das I Ging, das Buch der Wandlungen. Die acht möglichen Kombinationen aus drei Strichen lassen sich, wie nebenstehende Abbildung zeigt, mit dem Jahreslauf in Beziehung setzen. Der ganze Strich stellt das männliche, warme Prinzip der Ausdehnung dar, der geteilte Strich das weibliche, kalte Prinzip der Zusammenziehung. In diesem Weltbild, das in seinen Grundzügen einfach ist, weil es aus gelebter Erfahrung hervorgeht, entspricht die größte Ausdehnung und Wärme (auch Yang) dem Höchststand der Sonne zu Mittsommer. Auch wenn die Wärme des Sommers noch fortdauert, kenntlich durch erst zwei, dann nur noch einen herrschenden ganzen Strich oben, so kommt doch das kalte Prinzip der Zusammenziehung und Reife (auch Yin) immer mehr zur Geltung, bis es zu Mittwinter allein regiert.

Nicht umsonst heißt *I Ging* »Buch der Wandlungen«. Aus der Natur wissen wir, daß kein Zustand von Dauer ist. So tritt im Augenblick der größten Macht des kalten Prinzips keimhaft und untergründig das Warme in Aktion, steigt auf, um auf seiner Höhe wiederum gewendet zu werden zum Niedergang.

Dies ist der Kreis des Jahres, der, wenn wir ihn in die Zeit verlegen, zu einer Wellenlinie, einem rhythmischen Auf- und Abschwingen wird.

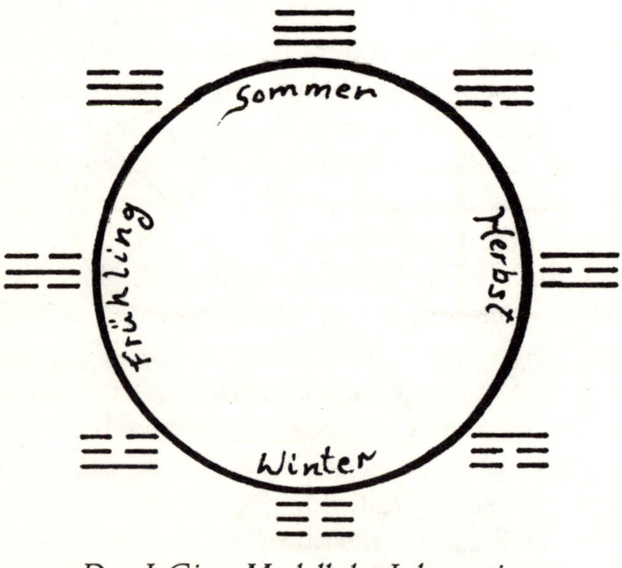

Das I-Ging-Modell der Jahreszeiten

Die Anschauung, die im I Ging zum Ausdruck kommt, finden wir auch in den Symbolen der Steinzeit. Der Sonnenlauf wird auf verschiedene Weisen dargestellt. Er kann als Zweiteilung des Kreises auftreten, was den Hälften des zunehmenden und des abnehmenden Lichtes entspricht, wenn die Teilung senkrecht erfolgt. Erfolgt die Teilung waagerecht, so wird die Taghälfte des Jahres (wo die Tage länger sind als die Nacht) und die Nachthälfte (wo die Nächte länger sind) symbolisiert.

Die Kombination dieser beiden Teilungen ergibt das Rechtkreuz, dessen Enden die Sonnenwenden und die Tagundnachtgleichen markieren. Ein Malkreuz ergibt sich in unseren Breiten, wenn wir die Sonnenauf- und -untergangspunkte zu den Sonnenwenden nehmen. Diese liegen zu Mittsommer am Horizont im Nordosten und Nordwesten, zu Mittwinter im Südosten und Südwesten.

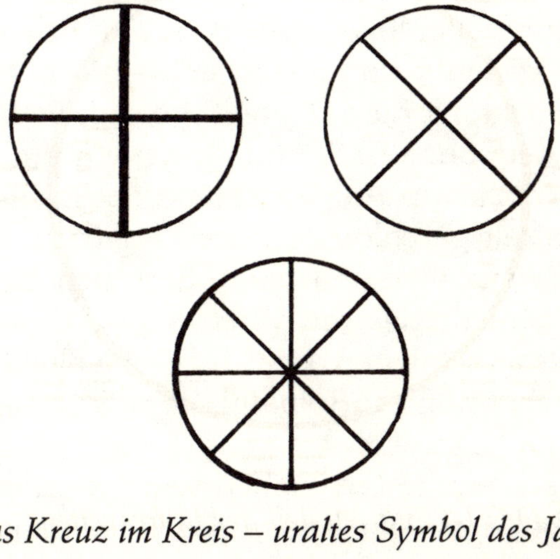

Das Kreuz im Kreis – uraltes Symbol des Jahres

Das Achtkreuz ist ist eine Kombination dieser beiden Kreuze; das ebenfalls häufig anzutreffende Sechskreuz verbindet das Malkreuz mit der senkrechten Jahresteilung. So sind diese Kreuze im Kreis aus der unmittelbaren Wahrnehmung hergeleitete Abstraktionen, die ein Geistesleben schon vor Jahrzehntausenden bezeugen.

Auf solchen Grundmustern beruhen die Weltanschauungen bis heute. Das buddhistische »Rad des Gesetzes«, mit seinen acht Speichen auch den achtfältigen Pfad versinnbildlichend, ist ein nur Beispiel. Aber auch die sprachliche Beziehung von »Rad« zu der Wurzel »rta«, aus der auch »Ritus« herstammt, verdeutlicht den Zusammenhang, daß der Sonnenlauf als das Urgesetz verstanden worden ist.

Eine andere Darstellung des Sonnenlaufes ist die Spirale: Denn mit jedem Tag verschiebt sich der Punkt, an dem die Sonne aufgeht. Von Weihnachten bis Mittsommer wandert der Sonnenaufgangspunkt gen Norden, von Johanni bis Mittwinter gen Süden. Blicken wir nun z.B. am 21. März auf den Horizont, so geht die Sonne im Osten auf und im Westen unter. Am nächsten Tag erscheint die Sonne morgens eine Spur weiter links, also etwas nördlicher, und auch ihr Untergangspunkt verschiebt sich – nach rechts, also auch weiter nach Norden. Ziehen wir nun den Bogen des Tageslaufes der Sonne nach und führen wir ihn unter dem Horizont fort bis zum Aufgangspunkt des nächsten Tages, so ergibt sich kein geschlossener Kreis, sondern eine Spirale! Diese Spirale entfaltet und vergrößert sich bis hin zum größten Sonnenlaufbogen an Mittsommer, um dort tatsächlich den Kreis zu schließen. Drei Tage lang bleibt die Sonne scheinbar stehen, um an Johanni, dem 24. Juni, den Weg der Einkehr zu beginnen.

Dieses kosmische Geschehen wird oft in der Doppelspirale symbolisiert. Wir finden die Spirale auch noch in den Labyrinthen, Troja- (d.h. Dreh-) burgen oder Wendelbergen. Denn all die Bräuche, die mit dem Jahreslauf zusammenhängen, stellen ja den Versuch des Menschen dar, die Harmonie mit den kosmischen Rhythmen und mit dem irdischen Geschehen stets wieder zu erneuern. Mit der Begehung der Labyrinthe oder Wendelburgen vollzieht der Mensch sinnbildhaft nach, was er als himmlisches Geschehen wahrnimmt.

Sehen wir nun das Weihnachtsfest vor diesem Hintergrund des Jahreslaufes, so verstehen wir seine tiefe Bedeutung besser. Die Sonne hat ihren Tiefststand überwunden, hat ihren kleinsten Bogen, den UR-Bogen durchlaufen. Es findet zu Weihnachten die Wende von der Involution zur Evolution statt. Zu Weihnachten durchschreiten auch wir als Menschen den UR-Bogen zu einem neuen Leben.

Dieser Urbogen hat eine doppelte Bedeutung: es ist das Tor des Todes und der Wiedergeburt, das wir zu Weihnachten durchschreiten. Wie noch heute die Grundsteinlegung als »heiliger« Akt begangen wird in dem Glauben, das der erste Stein entscheidend ist für das Gelingen des ganzen Bauwerkes, so sind viele Bräuche der Weihnachtszeit symbolisch für das ganze Jahr. Die ersten zwölf Tage und Nächte, auch »Rauhnächte» genannt, die kommenden zwölf Monate. Manche alte Bauernregel schließt vom Wetter dieser zwölf Tage vom 25. Dezember bis zum 6. Januar auf das Wetter des kommenden Jahres.

Um dem kommenden Jahr Fruchtbarkeit zu verleihen, wird bis in unsere Tage in manchen Gegenden z.B. den Schweinen Milch, den Kühen Salz, Brot und Heu gegeben. In Westböhmen bekam das Vieh drei Hagebutten und in Kärnten Wacholder für die Gesundheit des kommenden Jahres. Ähnlich zu verstehen ist auch der Brauch, die Obstbäume mit der »Lebensrute« zu schlagen, oder sie mit Ährenstroh zu umwickeln. Glück und Segen für das kommende Jahr soll auch das »Sternensingen« in den Alpenländern bringen. Die naturphilosophische Anschauung, die in Analogien zu Denken versteht, sieht in den ersten zwölf Tagen das Gleichnis für die ganzen kommenden zwölf Monate. So ist es schicksalhaft für das ganze Jahr, wie wir diese Tage und Nächte gestalten.

Man nennt auch heute noch die Zeit zwischen Weihnachten und Neujahr oder zwischen Weihnachten und »Hohem Neujahr«, dem 6. Januar, »zwischen den Jahren«. So wird berichtet, daß die Angeln ihr Jahr am 8. Januar begannen. Aber selbst heute gehen die Winterferien meist bis in diese Tage. Auch wir scheinen noch zu spüren, wie die kosmischen Rhythmen schwingen...

Die Zeit der »Rauhnächte« wird auch deshalb als besonders heilig angesehen, weil wir in dieser Zeit den göttlichen Kräften der Intuition besonders nahe sind. Es ist eine gute Zeit, um Orakel zu befragen oder das neue Jahr zu planen und vorzubereiten. In dieser Zeit ist es wichtig, daß wir Zeit für uns selbst und unsere Familien haben; zum Geschichtenerzählen, Wandern, Nachdenken. Bald wird das neue Jahr uns fordern, bald beginnt die Zeit des Tätigseins und Schaffens. Da sollen wir noch einmal kurz innehalten, tief druchatmen, spüren, daß das Jahr ein Atemzug Gottes ist. Und wie zwischen Ein_ und Ausatmen ein kurzer Augenblick der Stille entsteht, so ist die Zeit zwischen den Jahren eben dieser kurze Augenblick des Stillstandes, des Wechsels zwischen dem Ein- und Ausatmen oder der Ebbe und der Flut.

Dem geht natürlich eine Zeit der Vorbereitung voraus; der November mit seinen Totengedenktagen, dann die

Adsventszeit als Zeit der Besinnung und Einkehr, aber auch der Vorfreude. Hier erscheint im Brauch der Adventskranz aus Tannengrün, der den Kranz des Jahres versinnbildlicht. Der Kranz ist bei allen Jahresfesten von Bedeutung: als Blumenkranz zu Ostern, als Maienkranz, als Kranz am Sonnenwendbaum wie als Erntekranz. Stets geht es dabei um die Aufrechterhaltung des Kreislaufes des Jahres und des Lebens.

In diesem Kreislauf ist Weihnachten das Fest der Wiedergeburt, wie es nicht erst seit christlichen Zeiten, sondern schon in der Edda heißt:

»Eine Tochter gebiert die strahlende Göttin,
ehe der Wolf sie würgt –«

Die Vorweihnachtszeit heißt auch »Wolfsmond«, denn es ist die Zeit des mythischen Wolfes, der die Sonne verschlingt – die in der Edda »strahlende Göttin« genannt, also weiblich gesehen wird –, und sie gebiert eine Tochter.

Dies ist das heiligste Geheimnis, das der Wiedergeburt. Dem Tod der Sonne folgt ihre Neugeburt, und so ist die Vorstellung von der Wiedergeburt im Urglauben verwurzelt. Der Lauf des Jahres wird mit dem menschlichen Leben in Beziehung gesetzt, es gibt den Frühling, den Sommer, den Herbst und den Winter des Lebens. Und so, wie auf jeden Winter das Frühjahr folgt, so folgte auf jeden Tod eine Wiedergeburt. Der christliche Mythos vom Gottessohn hat diesen uralten Mythos erneuert, wenngleich das moderne Christentum den Wiedergeburtsglauben der Seele per Konzilsbeschluß im 7. Jahrhundert abgeschafft hat.

So sehen wir auch deutlich, daß das Weihnachtsfest viel tiefer verwurzelt ist und älter als das Christentum, welches dem Bau der alten Volksreligion nur eine neue Tünche gegeben hat.

So finden wir schon aus der Megalithzeit weihnachtliche Kultstätten, in denen die »geweihten Nächte« gefeiert worden sind. Eines der berühmtesten Bauwerke ist das sogenannte »Ganggrab« von New Grange. Daß es nur als Begräbnisort gedient haben soll, ist eine Behauptung, die vielleicht bald allgemein als so haltlos angesehen werden wird, wie es die Meinung sein würde, daß unsere Kirchen Begräbnisstätten seien, weil darin häufig Gräber zu finden sind.

New Grange also, dieses sogenannte Ganggrab, ist ein künstlich angelegter Hügel aus Steinen und Erde, in den ein Gang hineinführt, der in einer kleinen Höhle endet. Dieser Gang ist nun so ausgerichtet, daß die Sonne nur einmal im Jahr, nämlich zur Wintersonnenwende, genau in den Gang hineinscheint und ihr Licht auf die Höhlenwand wirft, in die – als Bitte um die Wiedergeburt – großartige Spiralmuster eingeritzt sind. Hier ist im Erleben die Vereinigung des Menschen mit dem Schöpfungsgeschehen rituell vollzogen worden.

Vielleicht auch noch mehr? – Woher kommen solche Überlieferungen wie die biblische von Engeln oder die Märchen mit ihren Feen und Unholden? Woher rührt der Glaube an Zwerge und Heinzelmännchen? Was meinen die Hopi, wenn sie von den »Kachinas« als wirkende, wenngleich unsichtbare, Wesen sprechen?

So mag es sein, daß hinter vielem Weihnachtsglauben und -brauch noch das Wunderbare steckt, nämlich die Kommunikation des Menschen mit anderen Sphären, anderen Wirlichkeiten, unsichtbaren Wesen. Die »magische« Anschauung sieht alles beseelt, weil sie nicht nur über das Denken wahrnimmt und die vom Denken geprägten fünf Sinne, sondern z. B. auch das Sonnengeflecht als Antenne zu benutzen versteht. Oder wenn Goethe die Sonne bei

New Grange: Der Eingang von innen im Winter.

ihrem Aufgang »tönen« hört, so drückt sich auch darin die größere Wahrnehmung aus und ein innigeres Verbundensein mit der Schöpfung.

Erst vor einem solchen Hintergrund, mit einer solchen Anschauung, läßt sich die alte Kultsymbolik der Urreligion verstehen. Zentrales Sinnbild der Urreligion ist das Zeichen ᛟ, welches wir aus der Betrachtung des Jahreslaufes schon kennen. Es zeigt die Jahresteilung und die beiden Sonnenwenden, ist damit Zeichen für den Sonnenweg und so Sinnbild für die »herabkommende Kraft der Beseelung«. Denn nach der emanistischen Anschauung gibt es kein Leben ohne den beseelenden Geist, ja, ist sogar alles Seiende aus dem Gedanken (Gottes) hervorgegangen, und Geist, Licht und Sonne gehören zusammen.

Wir wissen auch aus der Naturbeobachtung, daß die Blätter, die im Frühjahr sich entfalten, bereits im Sommer und Herbst des Vorjahres in den Knospen vorgebildet worden sind. Diesen Vorgang kann man Beseelung nennen, es ist die Idee, der Gedanke, der Atem Gottes, der im Halbjahr des abnehmenden Lichtes auf die Erde herabsteigt, um sich im Halbjahr des zunehmenden Lichtes zu entfalten.

Das Zeichen ᛟ heißt auch ODIL-Rune, denn die herabkommenden Kraft ist das OD, der Leben einhauchende Odem. Sie versinnbildlicht die Verbindung von Sonne und Erde, die beiden Pole von unten und oben. Zu Mittsommer sind Himmel und Erde am weitesten voneinander entfernt und bieten Raum für all die vielen Erscheinungen des Lebens. Das Kraftfeld, das diese beiden Pole formen, hat seine größte Ausdehnung. Zu Mittwinter vereinigen sich Himmel und Erde, da ist uns der Himmel am nächsten, der Formenreichtum verbirgt sich in harten Samenschalen und unter einer Schneedecke.

Alles Leben kehrt ein in den Schoß der Mutter Erde, aus dem es mit neuer Kraft neu geboren wird. Wie es in einem verchristlichten angelsächsischen Flursegen noch heißt:

Eastweard ic stande –
eordhan ic bidde and up-heofon
and da sothan sancta Marian –
Erce, Erce, Erce, eordhan modor –

Ostwärts ich stehe, –
die Erde ich bitte und den Oberhimmel
und die gerechte heilige Maria –
Erke, Erke, Erke, Erden-Mutter –

Die Gestalt der Maria ist die verchristlichte urreligiöse Allmutter, Erden- und Himmelsmutter. Dies verrät sogar ihr Name, denn »Ma« ist die ursprachliche Silbe für »Mutter«, und »ari« ist verknüpft mit »Vogel« (also einem Himmelstier) und »Licht«. So kann man Maria als »Lichtmutter« übersetzen, und von hier aus ist es nicht weit zur Überlieferung der Edda, wo (s. o.) von der »strahlenden Göttin« die Rede ist, die eine Tochter gebiert.

Es würde zu weit führen, die zahlreichen Belege für den urreligiösen Glauben an eine Ur- und Allmutter auszubreiten. Ihre Sinnzeichen sind seit Jahrzehntausenden dieselben. Die »Allumhegende«, Himmelsmutter, dargestellt im Sechskreuz (auch Hagall) , sendet die Kraft, die Beseelung  . Alter Brauch ist der »Minnetrunk«, von der Wortbedeutung her ein Trunk in »liebendem Andenken«, denn das bedeutet »Minne«. So wurde in Norwegen ein alter *mindebaeger*, »Minnebecher« gefunden, auf dem das Zeichen der Kraft eingeschnitzt war in Form einer Sippenkette von  Kinderchen, die sich an der Hand halten. Haupt-Arm-Hand versinnbildlichen das  Od und durch das »liebevolle Andenken«, das Minnetrinken, sollten die Totenseelen zur Wiedergeburt in der »Mutternacht«, der Mitternacht des Jahres, herbeigerufen werden. So ist es die herabkommende Kraft, die die Ahnenseelen zur Wiedergeburt bringt, und so wendet sich der urreligiöse Mensch an die »Allumhegende« mit der Bitte um das neue Licht, das neue Leben; und so ist es im christlichen Mythos Maria, – zwar theologisch zur »Magd« Gottes erklärt, doch mit allen Attributen der göttlichen Mutter — die das neue Licht gebiert.

Die Minne, das liebevolle Denken – das ja bis heute besonders dem Weihnachtsfest zugeordnet ist – wird als Herz  versinnbildlicht. Wir finden dieses Symbol noch im 18. Jahrhundert in bäuerlichen »Jahrkucheneisen«, Waffeleisen, auf denen groß das Herz als »Herzhaupt« mit drei Sonnenkreisen für Augen und Mund erscheint. Aus diesem Herzen geht der Dreisproß hervor, das neue Leben darstellend .

Viele der genannten Sinnbilder, den Sechsstern, das Herz, den Dreisproß, finden wir auch in der heutigen Weihnachtssymbolik. Wir wissen aber nichts mehr von der ursprünglichen Bedeutung, die stets im Kultus verwurzelt ist. Kultur, aus lateinisch »cultura« bedeutet »Bebauung«, »Pflege«. Kultsymbolik ist also mehr als das verstandesmäßige interpretieren von Sinnbildern, sondern bedeutet ein von innen her verstehen und »bebauen« »pflegen« dieser Sinnbilder. Wie wir eingangs sagten, stellen Sonne und Erde nicht nur physische Wirklichkeiten dar, sondern auch metaphysische und psychische. Die Naturphilosophie, die auf der urreligiösen Anschauung gründet, sieht in jedem Ding das Körperliche, Seelische und Geistige als untrennbare Einheit, schreibt jedem Ding einen physischen, psychischen und metaphysischen Aspekt zu. Es ist das Sinnbild, in welchem diese drei Aspekte verschmolzen sind, und so kann es auf diesen drei Ebenen verstanden werden.

Weihnachten heißt auch »Jul«, und dieses Wort »Jul« wird von manchen Sprachwissenschaftlern mit dem englischen »wheel« in Verbindung gebracht, das »Rad« bedeutet. Damit offenbart sich auf eindringliche Weise die tiefe Kultsymbolik dieses Festes, das ein Fest der Liebe und Ganzheit ist, welches wir nun wieder verstehen und erleben können auf den drei Ebenen, auf denen es sich vollzieht:
Weihnachten ist kosmisches Geschehen auf der physischen Ebene, die Erde durchläuft einen bestimmten Punkt auf ihrer Bahn um die Sonne.

Weihnachten ist seelisches Geschehen, auch in uns vollzieht sich der Umschwung, die Neugeburt.
Weihnachten ist kosmisches und mikrokosmisches Geschehen auf der geistigen Ebene, welches sich in der Kultsymbolik ausdrückt.

Weihnachten neu erleben – denn nur im tiefen Erleben aus unserem Innern erschließt sich uns der Sinn, aus dem wir die Kraft schöpfen können für einen neuen Beginn.

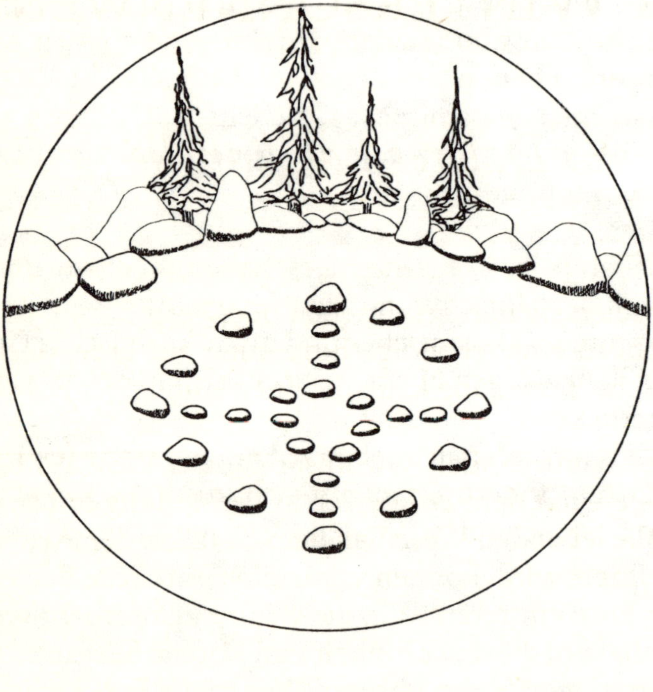

Das Fest der Wintersonnenwende

Dolores LaChapelle

Worte, seien sie nun geschrieben oder gesprochen, bringen uns nicht in eine lebendige Beziehung zur Erde, doch nur eine solche Beziehung kann die Entweihung der Erde beendigen.

Nur dadurch, daß wir unser ganzes Wesen – Körper und Seele – mit dem Erdganzen in Verbindung bringen, das durch alle lebenden Wesen an dem Platz, an dem wir leben, repräsentiert wird, können wir in eine wirkliche Beziehung mit der Erde eintreten. Wir, die wir heute nurmehr wenige Rituale haben, die diese Einheit von Körper, Seele und Geist zelebrieren, versuchen unseren Weg in die Erdfamilie ohne einen Führer, der uns den Weg zeigt, zurückzufinden.

Schon vor langer Zeit nannten die Kelten die Verwandschaftsbeziehung mit der Erde »die alten Harmonien«, die Indianer sprachen vom »Leben in Einklang mit der Erde«, die Balinesen von der »Erde im Gleichgewicht«. Bis vor ganz kurzer Zeit erkannten die Menschen die Notwendigkeit, sich durch das Feiern der Feste – besonders der Tagundnachtgleichen und der Sonnenwenden – im Einklang mit der Erde durch die Jahreszeiten zu bewegen. Komplizierte Bauwerke aus Stein wie Stonehenge auf den Britischen Inseln und Chaco Canyon im Südwesten der USA bezeugen diese Zeit der großen Jahresfeste.

Jahreszeitliche Feiern bilden eine Einheit, ein Lebensrad. Jede geht in die nächste über, sich aus der vorangehenden Jahreszeit entwickelnd. Heute haben wir kaum noch Rituale für dieses harmonische, sich entfaltende Ganze.

Man hat nicht plötzlich eine Beziehung zur Erde. Entweder man ist sich stets mit seinem ganzen Wesen seiner untrennbaren Beziehung zur Erde bewußt, oder es handelt sich bloß um die rein intellektuelle Erkenntnis eines entfremdeten Wesens, das sich dadurch nicht abhalten läßt, die Erde für jeglichen Zweck zu *gebrauchen*, den es gewinnversprechend findet. Wir lassen dabei völlig außer acht, daß »der Organismus, der seine Umwelt zerstört, sich selbst zerstört«.

So können Feste uns heute dazu dienen, die ganzheitliche Beziehung zur Erde wieder aufzubauen, zu erneuern. Feste feiern bedeutet, aus einem besonderen Anlaß und in nicht-alltäglicher Weise die allumfassende Zustimmung zur Welt als ganzer zu leben.

Vorbereitungen für das Fest der Wintersonnenwende

Vor dem eigentlichen Fest treffen sich die Teilnehmer, um sich gemeinsam darauf vorzubereiten. Die Vorbereitung und die Feier stehen unter der Leitung einer Frau oder eines Mannes. Da diese Person sich besonders innig mit dem anstehenden Fest beschäftigt hat, leitet sie Vorbereitung und Zeremonien. Sie ist aber nicht Befehlshaber, sondern Führer im Sinne eines Wegweisers. Wir wollen diese Person geschlechtsneutral »Führung« nennen, zumal es auch möglich ist, daß sich mehrere Personen in die Führung teilen. So wie das Fest der Wintersonnenwende hier zu feiern vorgeschlagen wird, sollten mindestens zehn Personen mitmachen. Man kann es drinnen oder draußen oder teils drinnen, teils draußen durchführen. Am besten ist es, wenn man für die Feier zwei Räume hat: einen für das Beisammensein und einen für die Zeremonien. Ohne Kinder ist die Feier natürlich nur eine halbe Sache, denn gerade Kinder bringen die Ungezwungenheit hinein, aus der solche Feiern leben. Bei dem ersten Treffen werden seitens der Führung am Anfang einige einleitende Worte der Erklärung gegeben, z. B. etwa so:

Bei unserem nächsten Treffen kommen wir zu einer der wichtigsten Zeiten des ganzen Jahres. Seit Monaten spendet die Sonne weniger und weniger Licht, und in der nächsten Woche haben wir den kürzesten Tag des Jahres, den Beginn des Winters; wir nennen ihn Wintersonnenwende.

Die Hopi-Indianer sagen, daß die Sonne in jedem Jahr zur Wintersonnenwende ihr Winterhaus verläßt und ihre Reise zum Sommerhaus beginnt, welches sie im Juni erreicht. Die Hopi und viele andere Indianer glauben, daß wir der Sonne helfen müssen, diesen Wendepunkt zu durchschreiten, damit sie nicht in ihrem Winterhaus verharrt, weil es dann nie Frühling werden würde. Zuerst kommt es uns vielleicht komisch vor, uns vorzustellen, der Sonne zu helfen, aber laßt uns darüber sprechen. – Selbst wenn die Sonne hell strahlt und der Himmel wolkenlos ist, sehen wir in der Stadt die Sonne manchmal nicht oder nur sehr matt. Was ist los? (Luftverschmutzung) Wer verursacht die Luftverschmutzung? So können wir die Wirkung der Sonne schädigen, also haben die Indianer vielleicht recht und wir müssen der Sonne bei ihrer Arbeit helfen. Darum geht es beim Fest der Wintersonnenwende. Während dieses Festes geben wir Menschen der Sonne unsere Kraft, um der Sonne bei ihrer Aufgabe zu helfen.

Die Prärie-Indianer tanzten den Sonnentanz, um der Sonne Kraft zu geben. Auch die Hopi tanzen – während der Wintersonnenwendzeremonie – um der Sonne Kraft zu geben. Für diesen Tanz machen sie sich Sonnenschilde. Das machen wir jetzt auch, damit wir sie bei unserem nächsten Treffen benutzen können.

Arbeitsanleitung für die Herstellung des Sonnenschildes

Zuerst schneiden wir aus einem Stück möglichst starker Pappe ein rundes Stück mit etwa 30 cm Durchmesser. Auf der Rückseite bringen wir eine aus Wolle oder Leder geflochtene Kordel an, entweder ziehen wir sie rechts und links durch Löcher, oder wir befestigen sie mit Heftklammern. Diese Kordel dient zum Halten des Schildes.

Auf der Vorderseite wird in die Mitte ein kleiner runder Spiegel von etwa 5 cm Durchmesser geklebt. Um diesen Spiegel herum ziehen wir einen 1 cm breiten Kreis aus goldener Farbe. Nun malt jeder um diese Mitte herum eine Sonne nach dem eigenen Geschmack und Empfinden. Es können Fotos oder Gemälde als Vorlage dienen. Wir nehmen Plaka-Farben oder Filzstifte.

Während die Farbe trocknet, machen wir uns an die

»Singstäbe«.

Diese »Singstäbe« wurden von den Indianern zur Begleitung ihrer Lieder und Zeremonien benutzt. Sie müssen schon vor diesem Treffen geschält und getrocknet sein, etwa 30 cm lange, vielleicht 2 bis 3 cm dicke Stöcke aus frischem Holz. Sie werden nun etwa auf eine Länge von 20 cm zweimal in der Mitte kreuzweise gespalten, so daß wir einen 10 cm langen Handgriff mit vier dünnen Holzleisten daran erhalten, die klappern, wenn sie geschlagen oder geschüttelt werden.

Jetzt werden diese Stäbe bemalt. Wir können sie in Eierkartons, in die wir die entsprechenden Löcher gemacht haben, senkrecht hineinstecken. Der Griff der Stöcke wird rot angemalt, da dies die Farbe der Cheyenne für Leben ist. Die äußeren Spitzen der vier Teile werden blau angemalt, um den Himmel zu versinnbildlichen. Nun wird eines der Teile schwarz, eines gelb, eines grün und eines weiß angemalt, wodurch die vier Richtungen des Medizinrades symbolisiert werden.

Dann binden wir vier Federn, die wieder die Richtungen darstellen, an eine Schnur. Wenn der Stock getrocknet ist, binden wir diese Schnur an den handgriff des Stabes. Das in vier Teile gespaltene Ende sollte zusammengebunden werden, wenn wir den Stab nicht benutzen, damit sie nicht abbrechen.

Fertigstellung der Sonnenschilde

Wenn die Schilde getrocknet sind, werden die Fransen am unteren Teil des Schildes angebracht. (Im Buch »Sieben Pfeile« sind eine Reihe Schilder mit Federn als Fransen zu sehen.) Als

Fransen verwenden wir Goldlametta, das wir ankleben, oder wir binden kleine Tannenzweige unten ans Schild.

Der Sonnenspiegel

Jetzt teilt sich die Gruppe in Paare, die sich gegenübersitzen. Jede Person hält ihr fertiggestelltes Schild der gegenübersitzenden Person hin.

Die Führung spricht etwa folgendermaßen:

Nun macht mal ein trauriges Gesicht. Schaut euer Spiegelbild an. Wenn ihr so ein trauriges Gesicht seht, welches Gefühl bekommt ihr dann? Ihr fühlt euch nicht gut, wenn ihr so ein trauriges Gesicht seht, nicht wahr? Ihr fühlt euch viel besser, wenn ihr ein lächelndes Gesicht seht. Bedenkt also, wie ein anderer Mensch sich fühlt, wenn ihr ihm mit einem traurigen Gesicht entgegentretet.

Erinnert euch daran, daß »die Mächte« auf uns das zurückwerfen, was wir fühlen. Wenn du Angst verspürst, werden »die Mächte« Angst zurückwerfen. Wenn du Freude verspürst, werden »die Mächte« Freude zurückwerfen. Und dasselbe trifft auf Menschen zu. Andere Menschen werfen sehr oft dein Gefühl auf dich zurück.

Die Indianer hielten Feste wie jenes, das wir bei unserem nächsten Treffen abhalten werden, ab, um sich in Harmonie zu versetzen, damit sie in der Lage wären, die allumfassende Harmonie widerzuspiegeln.

Wir verabreden uns, um draußen gemeinsam einen gegabelten Ast zu suchen, den wir für unser Wintersonnenwendfest brauchen.

Hier die Liste des für dieses Treffen benötigten Materials:

diverse Bilder von der Sonne
für das Sonnenschild braucht jeder:
- *ein Stück starker Pappe (oder Wellpappe)*
- *Wolle oder Lederband*
- *einen kleinen runden Spiegel (5 cm Durchmesser)*

wir teilen uns:
- *Kontaktkleber*
- *Farben, besonders gold und gelb*
- *Nadeln*
- *Schnur*
- *Garn*
- *Stapler (Heftgerät)*
- *Goldlametta oder Tannenzweige*
- *Pinsel*

für den Singstab braucht jeder:
- *einen geschälten und durchgetrockneten Stock*
- *ein Messer*
- *vier weiße Federn und (Nylon-)Schnur*

wir teilen uns
- *Pinsel und Zeitungen zum Unterlegen*
- *einige Eierkartons*
- *Wasser und Handtuch*
- *Plaka-Farbe in blau, rot, weiß, gelb, grün und schwarz*

Das Fest der Wintersonnenwende

Beim Eintreffen tut jeder Teilnehmer einige Zweige von Tanne, Fichte oder Birke in einen großen Wassertopf (Quellwasser ist am besten), in dem es zum Kochen gebracht wird.

Zu Beginn wird von der Führung eine Einleitung gegeben, die etwa wie folgt lauten kann:

Unser letztes großes Fest war die Herbst-Tagundnachtgleiche. Zur Zeit der Herbst-Tagundnachtgleiche gab es genau dieselbe Menge Licht und Dunkelheit. Während der darauf folgenden Zeit nahm die Dunkelheit allmählich zu. Bei der Herbst-Tagundnachtgleiche sprachen wir darüber, wie wichtig es für uns ist, uns ein Gleichgewicht zu bewahren; und daß wir unser inneres Gleichgewicht auf die äußeren Verhältnisse abstimmen müssen, also uns ändern, um mit dem sich ändernden Licht im Gleichgewicht zu bleiben.

Jetzt und heute feiern wir ein noch wichtigeres Fest – die Wintersonnenwende. Dies ist die dunkelste Zeit im Jahr. Die Sonne hat ihr Winterhaus erreicht und wird ihre Reise zu ihrem Sommerhaus antreten, das sie im Juni erreichen wird. Es ist eine bedeutende Zeit, wenn die Sonne umkehrt und ihre Reise zum Sommer antritt. Zu dieser wichtigen Wende müssen wir unseren Kraft beisteuern. Dies, weil alles im Kosmos mit allem anderen in einer Beziehung steht, und deshalb stehen wir auch in einer Beziehung zur Sonne. Die Hopi sagen, daß, obgleich wir menschliche Eltern haben, Mutter Erde und Vater Sonne, »jener, der dem ganzen Universum Leben gibt«, unsere wahren Eltern sind. So hast du eine irdische Familie, aber zugleich eine kosmische.

Welches eine Wesen gibt uns praktisch alles, was wir zum Leben brauchen? (Sprecht über die Sonne, die uns Leben gibt, weil sie uns Nahrung und Licht gibt. Beendet das Gespräch mit dem Satz:)

»Jedes Wesen nährt sich vom Sonnenlicht und baut seine Heimstatt aus gesammeltem Sonnenlicht.«

Wir Menschen müssen der Sonne helfen wie sie uns hilft und Leben gibt. Dies ist unser Geschenk an die Sonne.

Das Malen des Gruppen-Mandalas

Als erstes malen wir ein Mandala auf den Fußboden, damit wir wissen, wie wir zu tanzen haben. Wenn wir nicht mit Kreide auf den Boden malen können, rollen wir weiße Tapetenbahnen aus und kleben sie zusammen. Dann teilen wir uns in vier Gruppen. Die erste Gruppe sind die Adler, welche dem Osten zugehören. Zu den Adlern gehören alle im Frühjahr Geborenen. Die zweite Gruppe sind die Mäuse, die im Sommer Geborenen, die zum Süden gehören. Die dritte Gruppe sind die Bären, die im Herbst geboren sind und dem Westen zugeordnet werden. Die Büffel sind dem Norden zugehörig und dies sind die im Winter Geborenen.

In der Mitte des Raumes stellen wir den gegabelten Ast auf. (Es kann auch ein Weihnachtsbaum sein.) Um diesen Ast oder Baum ziehen wir einen Kreis, der fast so groß ist wie der Raum und zu den Wänden etwa 1 m Platz läßt. Dann ziehen wir vom Mittelpunkt aus Linien in jede Himmelsrichtung.

Jede der Gruppen arbeitet auf dem ihr zugehörigen Abschnitt des Mandalas, siehe Abbildung. Die Adlergruppe

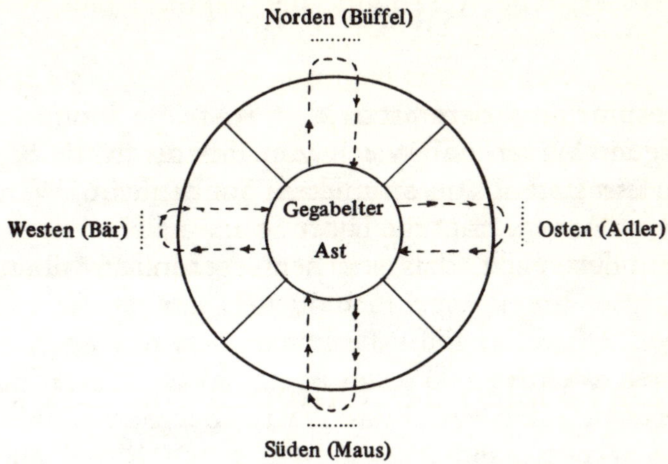

malt einen Adler, die Mäusegruppe eine Maus und so fort. Das Tier soll ordentlich groß dargestellt werden. Dann malt jeder noch Zeichen oder Bilder in den Abschnitt, die ihm/ihr wichtig sind, z.B. Blätter, Pflanzen, Tiere, Gestirne, Landschaften usw.

Zuletzt wird eine gestrichelte Linie eingezeichnet, siehe Abbildung, die den Weg des Tanzes und des Laufes markiert.

Wir nehmen das Wasser, in dem wir die Zweige ausgekocht haben, vom Feuer und lassen es abkühlen.

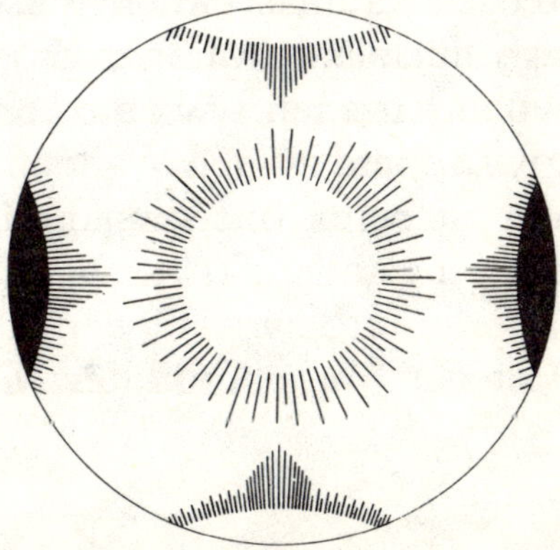

Das Anmalen der Tänzer

Weil es eine Sonnenzeremonie ist, sollte die Sonne auf jede Stirn gemalt werden. Wir setzen uns zu zweit hin und malen uns gegenseitig eine Sonne auf die Stirn. Wenn wir das getan haben, fragt die Führung etwa so:

Erinnert euch, daß wir herausgefunden haben, daß wir immer zwei Aspekte brauchen, um etwas ganz zu machen. Die Sonne läßt die Dinge wachsen, aber wessen bedürfen wachsende Wesen noch? (Wasser) Die Indianer glauben, daß der Mond das Wasser hervorruft, also brauchen wir noch den Mond. Malt einen Mond auf eure beiden Hände – eines kann ein voller Mond, das andere ein Halb- oder Viertelmond sein.

Für die Sonne nehmen wir gelbe Farbe und für den Mond weiße.

Weihehandlung

Nun nimmt jeder seinen Sonnenschild und seinen Singstab und legt beides in seiner Richtung außerhalb des Kreises nieder. Wenn die Weihehandlung beginnt, nimmt jeder seinen Singstab in die Hand. Alle bilden, im Osten beginnend, außerhalb des Mandalas eine Reihe.

Die Führung führt alle einmal um das ganze Mandala herum, bis wir von Osten her – wo die Sonne aufgeht – in das Mandala hineingehen.

Alle gehen in die Mitte und versammeln sich um den Baum, wo alle den Singstab im Takt schütteln, während die Führung sagt:

Die Sonne ist der Mittelpunkt des Medizinrades der

Erde. Während des Jahres durchläuft die Erde alle Jahreszeiten und vollführt so eine vollständige Drehung des kosmischen Medizinrades. Wir werden helfen, das Medizinrad zu drehen, indem wir tanzen und singen. (Die Führung liest folgendes Lied. Den Refrain verwenden wir auch bei dem anschließenden Tanz.)

Das Schenk-der-Sonne-Lied

Du, die du am Himmel wanderst,
du bist die Sonne seit Millionen von Jahren.
Du schenktest den großen Farnwäldern Nahrung,
wo die Dinosaurier wohnten.
Die Wälder starben und sanken nieder,
und sie wurden in die Erde hinabgedrückt.
Jetzt schenken sie uns Kohle und Öl, um uns zu wärmen.
Wir halten uns warm durch das gesammelte Sonnenlicht,
das die Sonne geschenkt hat.
Schenkt hin der Sonne – schiebt die Sonne auf ihrer Bahn.

Du, die du am Himmel wanderst, du bist dieselbe,
die vor einigen hundert Jahren den Bäumen Nahrung gab.
Wir fällten diese Bäume, um unsere Häuser
daraus zu bauen.
Wir sind behaust in gesammeltem Sonnenlicht,
das die Sonne geschenkt hat.
Schenkt hin der Sonne – schiebt die Sonne auf ihrer Bahn.

Du, die du am Himmel wanderst, du bist
unsere Sonne jetzt,
die Licht aussendet, um unsere Nahrung zu machen.
Schenkt hin der Sonne – helft der Sonne,
aus ihrem Winterhaus zurückzukehren.

Wir verlassen das Mandala alle nach Osten und legen unseren Singstab an unserem Platz nieder. Wir nehmen unsere Schilde auf und halten sie mittels der angebrachten Bänder nach vorn.

All unsere Tänze haben ihre Wurzel in unserer Religion. Es sind heilige Zusammenkünfte... Tanzen und beten – das ist dasselbe.

LAME DEER

Tanz

Alle versammeln sich wieder in der Mitte bei dem gegabelten Baum. Die Schallplatte mit dem indianischen Tanz wird gespielt und alle tanzen einen Stampfschritt. Wir beginnen den Gesang mit der Wiederholung des Satzes: »Schiebt die Sonne auf ihrer Bahn, dreht die Sonne auf ihrer Bahn, helft der Sonne umzukehren.« Die Gruppe nimmt den Gesang auf, alle singen und flechten ihre eigenen Variationen hinein.

1. Von der Mitte des Mandalas bewegen wir uns nach Osten und wirbeln oder stoßen dabei unsere Sonnenschilde. Wir folgen den gestrichelten Linien auf dem Boden.
2. Am Rand des Mandalas wendet die Reihe und bewegt sich wieder zur Mitte hin.
3. Jetzt wenden wir uns dem Süden zu und vollziehen dort dasselbe.
4. Dann gehen wir zum Westen, zurück zur Mitte, zum Norden und wieder zurück zur Mitte.
5. Am Ende des Tanzen legen wir die Schilde in eine Ecke, und jede Gruppe kehrt auf den Platz in ihre Richtung zurück und stellt sich hinter der Linie auf.

Lauf

Der Lauf beginnt mit denen, die die Adler des Ostens sind, denn die Sonne geht im Osten auf. Dies ist ein Staffellauf, von daher ist es nicht einer gegen einen anderen oder eine Gruppe gegen eine andere; stattdessen läuft die ganze Gruppe in möglichst kurzer Zeit, wodurch eine Menge Energie freigesetzt wird. Der Lauf geht folgendermaßen vonstatten:

Die »Adler«, die gen Osten außerhalb des Kreises stehen, nehmen ihre Singstäbe in die Hand, laufen in den Kreis und umrunden den gegabelten Baum einmal.

Sie laufen gen Süden aus dem Kreis hinaus und wieder zur Mitte zurück und umrunden den Baum zweimal.

Sie laufen gen Westen aus dem Kreis hinaus und wieder zur Mitte zurück und umrunden den Baum dreimal.

Dann laufen sie nach Süden zu den »Mäusen« und übergeben ihnen die Singstäbe. Die »Mäuse« können erst loslaufen, wenn alle »Adler« ihre Stäbe übergeben haben.

Die »Mäuse« laufen in den Kreis, umrunden den Baum einmal und laufen nach Westen, umrunden den Baum zweimal und laufen nach Norden, umrunden den Baum dreimal und übergeben dann den »Bären« im Westen die Stäbe.

Die »Bären« können erst loslaufen, wenn die letzte der »Mäuse« ihren Stab übergeben hat. Sie laufen in den Kreis und umrunden den Baum einmal, dann nach Norden usf. Nachdem sie im Osten waren, umrunden sie den Baum dreimal und geben die Stäbe an die »Büffel« ab.

Die »Büffel« des Nordens folgen demselben Muster

und laufen zum Schluß nach Osten hinaus, um auf diese Weise zum Anfangspunkt zurückzukehren.

Nicht vergessen, daß die nächste Gruppe erst loslaufen kann, wenn alle der vorigen Gruppe ihre Stäbe übergeben haben.

Beim ersten Mal wird der Baum einmal umrundet, beim zweiten Mal zweimal, beim dritten Mal dreimal.

Es muß sichergestellt werden, daß die »Adler« so viele Singstäbe mitnehmen, wie die stärkste Gruppe Mitglieder hat, sonst fehlen dort welche.

Nachdem der Lauf beendet ist, nimmt jeder seinen Singstab und kehrt in die Mitte zum Baum zurück. Wir bringen den Topf mit dem Zedern- (oder Lebensbaum-, oder Tannennadel-)Wasser in die Mitte. Mit den äußersten Spitzen unserer Singstäbe tauchen wir ins Wasser und spritzen dies auf den gegabelten Baum. (Wasser bedeutet Leben.) Dann bespritzen wir uns gegenseitig mithilfe der Singstäbe mit Wasser. Das ist eine Sache ausgelassener Freude.

Die Führung beendet die Spritzerei mit dem Hinweis, daß am Ende von besonderen Zeremonien das Mandala zerstört wird, weil dessen Kraft gänzlich verbraucht ist. Wurde das Mandala mit Kreide auf den Fußboden gemalt, wird es jetzt aufgewischt, sonst wird die Tapeten zusammengeknüllt.

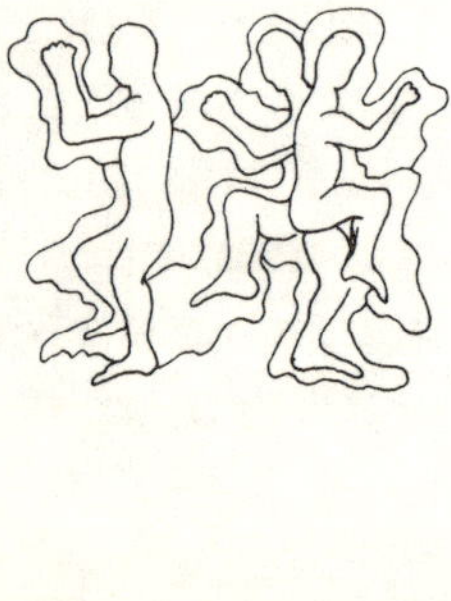

Festmahl

Wenn wir zwei Räume haben, bereiten und essen wir das Mahl im anderen Raum.
Wir backen Tortillas aus Maismehl nach dem folgenden Rezept:

2 Tassen Maismehl
1 1/2 Tassen Wasser
1 Teelöffel Salz
1 Teelöffel Backpulver

Die Zutaten werden gut gemischt und dann 10 Minuten geknetet. Der Teig wird in 12 Klumpen geteilt, die plattgeklopft werden. Diese Tortillas werden auf einem heißen, leicht eingefetteten Blech gebacken, bis sie hellbraun sind.
Dazu wird Tee gegeben.

Abschlußzeremonie

Wenn alle fertig gegessen haben, spricht die Führung einige Worte zum Abschluß; vielleicht so:
Für viele Indianer war Maismehl die wichtigste Nahrung. So wollen wir unsere Feier beenden, indem wir Maismehl auf den Baum und auf einander streuen, um uns dessen zu erinnern, daß die Erde uns alles schenkt.

Dies sollte auch eine überschwengliche, ausgelassenen Angelegenheit sein, denn die Energie, die hier hineinfließt, trägt zur Gesamtenergie der Feier bei und harmonisiert auf diese Weise die Gruppe.

Zum Schluß bilden wir einen Kreis und sprechen das Gebet von »Schwarzer Hirsch«, das unsere Beziehung zur Erde verstärkt:

»Mutter Erde, höre mich! . . . Die Zweibeiner, die Vierbeiner, die Geflügelten und alles was sich auf dir bewegt, sie alle sind deine Kinder. Zu allen Wesen und allen Dingen wollen wir wie zu Verwandten sein; geradeso wie wir mit dir verwandt sind, oh Mutter.«

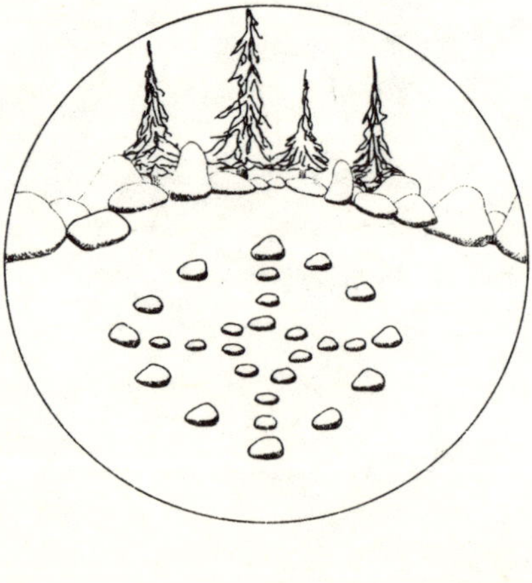

Hier die Liste des für dieses Treffen benötigten Materials:

Ein großer gegabelter Ast oder ein Weihnachtsbaum. Wir stellen ihn in einen großen Eimer mit Sand als Gegengewicht.
Der Boden sollte mit Kreide bemalbar sein, sonst brauchen wir Tapete für den ganzen Fußboden.
Zweige von Tannen oder Lebensbaum oder Birke oder einem anderen stark duftenden Baum.
Schallplatte mit Indianertänzen. Sucht euch einen aus, der euch gefällt.
Plattenspieler
Kreide oder Plaka, Pinsel
Singstäbe und Sonnenschilde
gelbe und weiße Schminke
Herd oder Ofen, Töpfe, Pfannen
Tortilla-Zutaten (s.o.), Tee, Honig, Butter, Maismehl extra
Tassen und Teekannen

Aller guten Dinge sind Drei!

Zur Symbolik der Dreikönigslegende

Wolfgang Bauer

»Caspar möge mich führen, Balthasar mich leiten, Melchior mich behüten, und sie mögen mich ins ewige Leben führen.«

Reisesegen des 15. Jahrhunderts

Die Legende in ihrer Entwicklung

Etwa um das Jahr 80 nach der Zeitenwende wird das Matthäusevangelium auf Griechisch niedergeschrieben. Darin findet sich über die Geburt Christi die nachfolgende Geschichte (2,1 – 15):

> »Da Jesus geboren war in Bethlehem im jüdischen Lande zur Zeit des Königs Herodes, siehe, da kamen Weise (nach dem griechischen Original *Magier*) vom Morgenland nach Jerusalem und sprachen: Wo ist der neugeborene König der Juden? Wir haben seinen

Stern gesehen im Morgenland (im Original: im Aufgang) und sind gekommen, ihn anzubeten. Da das der König Herodes hörte, erschrak er und mit ihm das ganze Jerusalem und ließ versammeln alle Hohenpriester und Schriftgelehrten unter dem Volk und erforschte von ihnen, wo der Christus sollte geboren werden. Und sie sagten ihm: Zu Bethlehem im jüdischen Lande; denn also steht geschrieben durch den Propheten (Micha 5,1): ›Und du Bethlehem im jüdischen Lande bist mitnichten die kleinste unter den Städten in Juda; denn aus dir soll mir kommen der Herzog, der über mein Volk Israel ein Herr sei.‹
Da berief sich Herodes die Weisen heimlich und erkundete mit Fleiß von ihnen, wann der Stern erschienen wäre, und wies sie nach Bethlehem und sprach: Ziehet hin und forschet fleißig nach dem Kindlein; und wenn ihr's findet, so sagt mir's wieder, daß ich komme und es anbete. Als sie nun den König gehört hatten, zogen sie hin. Und siehe, der Stern, den sie im Morgenland gesehen hatten, ging vor ihnen hin, bis daß er kam und stand oben über, wo das Kindlein war. Da sie den Stern sahen, wurden sie hoch erfreut und gingen in das Haus und fanden das Kindlein mit Maria, seiner Mutter, und fielen nieder und beteten es an und taten ihre Schätze auf und schenkten ihm Weihrauch und Myrrhe. Und Gott befahl ihnen im Traum, daß sie nicht sollten wieder zu Herodes gehen, und sie zogen auf einem andern Weg wieder in ihr Land. – Da sie aber hinweggezogen waren, siehe, da erschien der Engel des Herrn dem Joseph im Traum und sprach: Stehe auf und nimm das Kindlein und seine Mutter zu dir und flieh nach Ägyptenland und bleib allda, bis ich dir's sage; denn Herodes geht damit

Die Anbetung des göttlichen Kindes durch die drei Magier-Könige (Miniatur der Brüder Limbourg aus dem Stundenbuch des Herzogs von Berry; 15. Jahrhundert).

um, daß er das Kindlein suche, es umzubringen. Und er stand auf und nahm das Kindlein und seine Mutter zu sich bei der Nacht und entwich nach Ägyptenland und blieb allda bis nach dem Tode des Herodes, auf daß erfüllt würde, was der Herr durch den Propheten gesagt hat, der da spricht (Hos. 11,1): ›Aus Ägypten habe ich meinen Sohn gerufen.‹«

Auf Darstellungen der Anbetung Jesu des 4. Jahrhunderts werden drei gabenbringende Magier (im Gegensatz zur Auffassung der Ostkirche, die zwölf Magier annimmt) dargestellt. 1162 fallen die (vermeintlichen) Gebeine der Magier bei der Eroberung Mailands in die Hände von Barbarossa, der sie seinem Kanzler, dem Kölner Erzbischof Reinhold von Dassel schenkt. Am 23. Juli 1174 werden die Gebeine in der Peterskirche in Köln beigesetzt.

Seit dem 13. Jahrhundert befinden sich die Reliquien der Kölner Stadtheiligen im Dom im kostbaren (1198 - 1206 von Nikolaus von Verdun geschaffenen) Dreikönigsschrein. Seit dem 12. Jahrhundert werden die Magier (Psalm 72 zufolge) auf Abbildungen auch als Könige dargestellt und als Heilige verehrt. Seit dem 15. Jahrhundert ist es üblich, einen der drei Könige als Mohren zu porträtieren.

Das Dreikönigsfest, die *Erscheinung* (Epiphania, gedacht als Gegenwart Gottes auf Erden) des Herrn gilt als das älteste Fest der Christenheit. Bis zur Mitte des 4. Jahrhunderts beging man in Rom den 6. Januar noch als den Geburtstag Jesu, erst später den 24./25. Dezember.

Die Dreikönige gelten beim Volk als Schutzheilige bei Reisen. Sie behüten vor Brand, Unwetter, Dieben; sie geben zukunftsweisende Träume und helfen gegen die Fallsucht. Der Dreikönigstag »ist eine Tummelzeit unheimlicher Mächte: Mit dem Teufel ist jetzt gut Geschäfte machen!«

Das Haus und die Haustiere schützt man durch mit

der am Epiphanientag geweihten Kreide geschriebenen Initialen C + M + B über Tür und Stall (1).

Wir sahen einen Stern im Aufgang

In einem geschichtlichen Überblick über »Die Heiligen drei Könige« vertritt Hans Heinrich Schmid eine sehr plausibel klingende These über Ursprung und Entstehung der »Weihnachts«-Geschichte im Matthäusevangelium (2):

»Es ist davon auszugehen, daß Geburtsgeschichten ganz allgemein zu den spätesten Überlieferungen über bedeutende Personen der Weltgeschichte gehören. Sie entstehen erst, nachdem die Bedeutsamkeit des betreffenden Menschen – aus seinem Leben und Wirken, bei Jesus auch aus seinem Leiden, seinem Tod und dem Zeugnis der Auferstehung – feststeht und bringen im Rückblick mindestens eines seiner wichtigsten Wesensmerkmale zum Ausdruck. Insofern sind Geburtsgeschichten nicht Ausgangspunkt, sondern relativ späte Zusammenfassungen. Dies gilt auch für Mat. 2,1 – 12, und es ist wohl kein Zufall, daß das Markusevangelium als das älteste der vier Evangelien überhaupt noch keine Geburtsgeschichte kennt.

Das Problem verschärft sich noch, wenn wir unserem Text die Geburtsgeschichten des Lukasevangeliums (Kap. 1 und 2) zur Seite stellen. Die beiden Überlieferungen unterscheiden sich in nahezu sämtlichen Einzelheiten. Was bei Lukas berichtet wird, fehlt bei Matthäus und umgekehrt. Noch schwerer wiegt, daß sich die beiden Darstellungen widersprechen und gegenseitig ausschließen.«

Wenn dem so ist, dürfen wir berechtigt fragen, welche Elemente es waren, die den Evangelisten Matthäus angeregt haben mögen, seinen damaligen Glaubensgenossen gerade die Legende um die Geburt des göttlichen Kindes in dieser speziellen Weise zu erzählen.

Weiter gefragt: Welche faktischen Ereignisse, welche mythischen Hintergründe waren Matthäus als einem gebildeten Mann vielleicht noch zugänglich, vertraut und bekannt, als er (wie die Forschung annimmt) um das Jahr 80 seinen Text niederschrieb?

Ein wenig so, als wolle er uns helfen, den »vergrabenen Hund« zu finden, erscheint es, wenn er die Magier in Jerusalem listig sagen läßt: »Wir sahen seinen (d. h. Jesu) Stern in seinem Aufgang«, was vom griechischen Urtext her den Sinn hat: im Osten! Daß im Osten (speziell in Indien) schon Jahrhunderte vorher die fast gleiche Geschichte, wie sie Matthäus zu Jesus überliefert, über die Kindheit des (allzeit sonnigen und gutgelaunten) Gottes Krishna erzählt wurde, ist ein Faktum, das vergleichende Religionswissenschaftler immer schon faszinierte (3):

»Es bestehen tatsächlich sehr große Ähnlichkeiten zwischen der Geschichte um die Geburt Krishnas und der von Christus. Beide sind in ländlicher Umgebung geboren: Christus zwischen den Kühen eines Stalles, Krishna in der Kuhherde. Sie wurden beide – aufgrund von Prophezeiungen über ihre Größe – von den Tyrannen des Landes, in dem sie geboren wurden, bedroht: der eine von Herodes, der andere von Kamsa. Beide wurden auf wunderbare Weise gerettet, indem sie durch die Vision eines Engels oder Gottes zur Flucht genötigt wurden.«

Aus dem Osten kommen auch die Beobachtungen der Astrologen und Astronomen zu wichtigen Vorgängen am Himmel, die, bei der Verehrung der göttlich gedachten Sonne, zu einem großen Corpus von Mythen und Allegorien geführt haben und die wahrscheinlich ebenfalls eine Quelle der Anregung für Matthäus gewesen sein können.

So nahmen z.B. die Perser an, ihr Sonnengott Mithras sei in einer Grotte (!) geboren.

Für die griechischen und ägyptischen Philosophen (nach der Tradition in ihrem Denken und in ihren Lehren stark beeinflußt von östlichen Weisheitslehren) war das Leben der Sonne in vier Abschnitte eingeteilt und wurde in entsprechend unterschiedlichen Gestalten symbolisiert: Bei der Geburt, in der »Wiege des Winters«, als Säugling (von den »heidnischen« Römern am 25. Dezember gefeiert!), im Frühjahr als wunderschöner Jüngling mit Locken, im Sommer als bärtiger Mann in der Blüte seiner Jahre und im Herbst als grauhaariger Mann.

Neugeburt des Sonnenknäbleins

Ohne (wie viele Theologen seiner Zeit) komplizierte und haarspalterische Überlegungen anstellen zu müssen, kommt Albertus Magnus, Lehrer des Thomas von Aquin und Wiederentdecker des über ein Jahrtausend mißachteten »magischen« Wissens der Alten (insbesondere der Astrologie), in Hinblick auf die Hintergründe der geheimnisvollen, jungfräulichen Geburt Jesu zu dem Schluß (4): »Wir wissen, daß das Zeichen der Himmlischen Jungfrau in dem Augenblick über den Horizont steigt, zu dem wir die Geburt unseres Herrn Jesus Christus festlegen.«

Arthur Drews gibt in seinem Buch »Die Marienmythe« (Jena 1928) einen anschaulichen Bericht über diese Art der Deutung:

»Um die Mitternacht vom 24. auf den 25. Dezember, wo die Sonne im Tierkreiszeichen des Steinbocks durch den tiefsten Punkt ihres Jahreslaufes im unteren Meridian hindurchging, stieg im Osten das Sternbild Jungfrau empor.

Ihr Aufgang am Himmel bezeichnet den Vorgang, der sich auf der dem Menschen entgegengesetzten Seite des Himmels abspielte. Man las ihn sozusagen hiervon ab: In dem Augenblick, wo die himmlische Jungfrau ihre Füße auf den Horizont setzte, wußte man, daß nunmehr sich das feierliche Ereignisse vollzogen habe, die Sonne wieder aufwärts stieg und damit der Welt ein neues Leben bescheren werde. Der Durchgang der Sonne durch den unteren Meridian um die Mitternacht der Wintersonnenwende und der Aufstieg des Sternbildes der Jungfrau standen mithin in der engsten Beziehung zueinander. Beide Vorgänge bildeten sozusagen nur einen einzigen, wobei für den Beschauer des Emporkommens der Jungfrau am Himmel das Zeichen bildete für die Neugeburt des Sonnenknäbleins. So betrachtete man jene als die Mutter der Sonne und ließ in diesem Sinne den

Nach der Legende hatte die Sybille, eine heidnische Prophetin, die Vision einer Frau mit einem Kind, »das wir die Sonne strahlt« und das ihr von einer Stimme als Gottes Sohn bezeichnet wurde (Miniatur aus dem Stundenbuch des Herzogs von Berry).

Weltenheiland von einer ›Jungfrau‹ geboren werden, die nichtsdestoweniger für die himmlische Mutter, die Götter- und Weltenmutter angesehen wurde.«

Wenn wir dazu noch wissen, daß die drei Sterne, die als »Schwertgürtel« des Orion bezeichnet werden, in alten Zeiten auch »die Magier« und »die Könige« genannt wurden (5) und daß andere Sternkostellationen auch als »Stall« und »Esel« gedeutet wurden, halten wir vielleicht schon die wichtigsten Teile zu dem »Puzzle« des Matthäus und all den anderen, späteren Ausgestaltern der Legende in unseren Händen...

Die drei Gaben

Das Motiv der späteren Ausdeuter der Weihnachtsgeschichte, *drei* Magier anzunehmen, muß nicht allein nur darin liegen, daß die Magier das göttliche Kind mit drei Gaben, Myrrhe, Weihrauch und Gold, beschenkten und deshalb der Schluß auf drei Schenkende also die einfachste Annahme ist. Denn, wenn die drei Könige in unterschiedlichem Alter gesehen werden (wie sie z.B. vom Illustrator des berühmten »Stundenbuchs des Herzogs von Berry dargestellt werden), stellen sie ja auch – im Sinne des oben über die Erscheinungsformen der Sonne gesagten – die drei anderen Erscheinungsformen des Sonnenkindes dar (Jüngling, Mann, Greis) und sagen – über die Symbolik der Gaben – auch den Ablauf des Geschehens im Leben des magischen Freiberuflers Jesu (dabei Stufen der klassischen Selbsteinweihung folgend) voraus:

Das Erkennen der Ursache des Leidens (Myrrhe = Tod am »Kreuz« konditionierter Realitäten), das Überwinden des Verhaftetseins im Leid durch das Einnehmen eines anderen, höherbewußten Standpunkts (Weihrauch = Auferstehung, Höllen- und Himmelfahrt) und die Selbstverwirklichung als Meister seiner Sebst und als »Sonne« eines Kreises von ihn schätzenden Menschen (Gold). Dunkel und doch sehr treffend heißt es im »Chandogya Upanishad«: »Der ist wahrhaft autonom, der alle Wesen in seinem eigenen Selbst sieht und sein eigenes Selbst in allen Wesen, das bedeutet: wer versteht, daß er an dem Einen teilhat, das man All nennt."

Die apokryphe (nicht bereinigte) »Apostelgeschichte des Johannes« enthält noch eine Stelle, nach der Jesu den verblüfften Aposteln Jakobus und Johannes einmal in vierfacher Weise erschienen ist: als Kind, als Jüngling, »dessen Bart gerade erst zu sprießen anfing«, als »statthafter, gefälliger und fröhlicher Mann« im besten Alter als alter, »ziemlich kahlköpfiger Mann mit einem dicken wallenden Bart«!

Für das (in der Krishna-Legende noch nicht vorhandene) Element der Gottessohn huldigenden Magier könnte Matthäus ein spektakuläres Ereignis seiner Zeit als Vorlage gedient haben. Hans Heinrich Schmid hierzu (6):

»Der römische Geschichtsschreiber Dio Cassius berichtet, daß im Jahre 66 n. Chr. der Perserkönig Tiridates mit einem großen Gefolge aus dem fernsten Osten nach Rom gekommen sei, um dem Kaiser Nero eine Verehrung zu erweisen. Er sagt zu ihm: ›Ich bin zu dir gekommen als zu meinem Gott, ich bete dich an (verwendet ist das gleiche Wort wie in Mat. 2,11!) als meinen Gott – wie Mithras‹ ... Das Ereignis muß einen großen Eindruck auf die Zeitgenossen gemacht haben; jedenfalls ist von ihm in der römischen Literatur noch mehrmals die Rede. Von besonderem Interesse ist dabei dessen Erwähnung bei Plinius, der sowohl Tiridates als auch seine Begleiter als ›Magier‹ bezeichnet...

Es ist schon mehrfach vermutet worden, daß dieser

Zug von Magiern aus dem Osten zur Huldigung vor einem König bzw. Kaiser auf die Gestaltung von Mat. 2 eingewirkt haben könnte.«

Die drei Sonnen

Der Zahl Drei kommt im Westen in der philosophischen wie auch in der okkult-esoterischen Spekulation schon stets eine besondere Stellung und Bedeutung zu. Für Pythagoras war die Drei die Zahl der Vollkommenheit und Ganzheit, da sie Anfang, Mitte und Ende in sich zusammenfaßt. Und für Platon drückte sie die innere Struktur der Einheit, die innere Ordnung der Dinge aus: ein aktives, ein passives

Das große provenzalische Adelsgeschlecht derer von Baux, das seine Abkunft von König Balthasar (dem »Mohrenkönig«) herleitete, führte den Stern von Bethlehem (als Symbol der einen *Sonne) in Siegel und Wappen. Die Burg auf den Felsen von Lex Baux war im 13. Jahrhundert einer der berühmtesten Liebeshöfe (Cour d'Amour) gewesen, Zentrum eines neuen Kunst- und Lebensstils aus dem arabischen Raum.*

und ein vereinendes Prinzip. Anders gesagt: Das dritte Element hat die Kraft, den Konflikt zu lösen, der durch die Dualität entsteht; das Dritte kann die befreiende Alternative aus der Zwickmühle bei allen Entweder-Oder-Konflikten sein.

In der Sprache der Alchimisten: Um binden wie lösen zu können, braucht es das vereinende Dritte, den Tiegel, die Retorte, das Spiel des Bewußtseins mit seinen Elementen. Aus alter Zeit rührt auch die Auffassung von drei Aktivitätszentren des Lebens im menschlichen Körper: das Fortpflanzungssystem (= Jüngling), das Herz (= gereifter Mann) und das Gehirn (= alter Mann). Nach der Auffassung der Mystiker besitzt das Göttliche, repräsentiert in der einen Sonne, doch drei Naturen, drei »Sonnen«: die spirituelle Sonne, die intellektuelle Sonne und die materielle Sonne. Diesen »Sonnen« (also aus sich wirkenden, »selbständigen« Kraft- und Lichtzentren) entsprechen beim Menschen Körper, Emotionen und Intellekt. Können diese vereint werden, entfaltet sich – nach dem Glauben der Alten – die göttliche Natur des Menschen.

Dem Illustrator des »Stundenbuchs« schienen solche Spekulationen bekannt gewesen zu sein. Er zeigt die drei Könige, wie sie, vom Stern geführt, an der Spitze ihrer Leute einander begegnen, dabei aus drei verschiedenen Richtungen zusammenkommend. Vereint huldigen sie dann auf dem nächsten Bild dem göttlichen Kind: dem Wunder des ewig Neuen in einer Welt, die sonst in ihren unveränderbaren Strukturen erstarren müßte und nicht mehr wäre als ein mechanisch betriebenes Uhrwerk.

Immer wenn »Jesus« in diese Welt kommt, »fühlt die Schöpfung einen heiligen Schauer durch sich gehen«. Das apokryphe Jakobusevangelium gibt uns eine Darstellung dieses wonnigen Entzückens, das alle sich und ihr alltägliches Tun für einen Moment vergessen läßt, um sich der Verzauberung hinzugeben: »Die Vögel harrten im Fluge, Arbeiter, die aßen, hatten die Hände gehoben und brachten sie nicht zum Munde; alle Bewegung war im Stillstand. Die Augen aller nach oben gerichtet ... Der Hirt hob den Stab – aber er blieb im Schwunge harren.«

Soll sich etwas verändern, braucht es immer das Zusammenspiel dieser drei Prinzipien, die »Begegnung der drei Könige«. Ob man sie nun Caspar (= Schatzmeister), Melchior (= König des Lichtes) und Balthasar (= Gott schütze das Leben des Königs) nennt, oder, wie es die Hindus tun, Brahma, Vishnu und Shiva, oder sie gar in wissenschaftlichen Ausdrücken zu »fassen« versucht, und von »Empfang«, »Integration« und »Übertragung« spricht, bleibt sich im Grunde gleich. Kann es da eigentlich noch überraschen, zu hören, daß das »Gehirn« des Atomkerns – nach neuesten Erkenntnissen – aus dem Zusammenwirken von *drei* Quanten bestehen soll?

Fürchte Dich nicht!
Es ist Dein Gesicht
und mein Gesicht
und
im Licht
ganz dicht
Gottes Gesicht (8)

Anmerkungen

(1) Richard Thalmann/Hans Heinrich Schmid, Die Heiligen Drei Könige, Zürich 1975, S. 59 f., und: Handwörterbuch des Deutschen Aberglaubens, Band II, Berlin 1929/30, S. 1 f., S. 448 f.
(2) Thalmann/Schmid, a.a.o., S. 68
(3) Nigel Frith, The Legend of Krishna, London 1976, S.12
(4) Manly P. Hall, The Secret Teachings Of All Ages, Los Angeles 1978, S. 50 f.
(5) Richard H. Allen, Star Names – Their Lore and Meaning, New York 1963, S. 316
(6) Thalmann/Schmid, a.a.o., S. 70
(7) Paulus Cassel, Weihnachten: Ursprünge, Bräuche und Aberglauben, Wiesbaden, Nachdruck der Ausgabe von 1862, S. 171
(8) Thalmann/Schmid, a.a.o., S. 30

Weitere Buchempfehlungen zum Thema:

Morton Smith, Jesus der Magier, München 1981
Sergius Golowin, Magier Merlin, Hamburg 1981
Manfred Lurker, Mörterbuch biblischer Bilder und Symbole, München 1978

Neujahrstanne am Brunnen – Vogesen (aus Huth/Lichterbaum)

Der Licht- und Lebensbaum

Andreas Lentz

Wenn wir heute einen Tannenbaum in unsere Stube stellen, so folgen wir nicht nur einem äußeren Brauch, sondern zugleich einem inneren, seelischen Bedürfnis. Die Seele ist ja nicht mit Begriffen zu befriedigen, sie verlangt nach lebendigen Bildern, nach Symbolen, – und: »Nächst den Sternen haben wir Menschen keine freundlicheren Boten als die Bäume. Wer hat je unter ihnen gewandelt mit stillem Mute, dem sie nicht oft alle Sorgen und Eitelkeiten des Lebens hinweggerauscht, den sie nicht mit Liebe und Sehnsucht des Himmels angeweht, dem sie nicht so manche namenlose Gefühle und wundersame Geheimnisse zugeflüstert, so manche unvergeßliche Gestalten gezeigt haben« (Ernst Moritz Arndt). So kommt der Weihnachtsbaum als Bote, als Übermittler zu uns, um etwas von den Geheimnissen und Gesetzen der Natur zu erzählen.

Der Baum, dessen Wurzeln in der Tiefe gründen, wo sie inniglich mit dem Boden, der Erde, sich vereinen; dessen Äste hoch über unseren Köpfen in den Himmel ragen, um mit Luft und Licht sich zu vermählen, ist Sinnbild der großen Synthese, die Schwere und Dunkelheit mit Leichtigkeit und Helle zusammenführt. Auch der Gestaltwandel des Baumes durch die Jahreszeiten zeigt ihn uns als Wahrer der Ganzheit, des Stetigen in der Wandlung, – und so ist es nicht von ungefähr, daß der Baum im Brauchtum aller Feste eine mehr oder weniger zentrale Rolle spielt.

»An jedem Fest holt sich der Deutsche den Baum ins Dorf und ins Haus. All diese Bäume bedeuten letzten Endes dasselbe, so sehr auch ihre Formen verschieden sein mögen und sich nach der Jahreszeit, in die das Fest fällt, richten. Gelegentlich wurden auch Maibaum und Mittsommerbaum mit Lichtern geschmückt, aber doch – soweit die sehr lückenhafte Überlieferung ein Urteil erlaubt – recht selten. Es ist ja auch selbstverständlich, daß am Hauptfesttag des Jahres, und das war das Mittwinter-Neujahrsfest, der Kultbaum die großartigste Ausgestaltung erfährt. Im Lichterbaum der Weihnacht wird am deutlichsten, was das Wesen des heilbringenden Baumes ist: aus dem heiligen Haine stammte er einst, in dem die Gottheit wohnte. Er bringt ihren Segen und Schutz dem Haus, in das er geholt wird.« (Otto Huth)

Der Weihnachtsbaum, wie wir ihn heute kennen, ist recht jungen Datums. Historisch läßt sich sein Ursprung im alemannischen Gebiet des Oberrheins feststellen, von wo er sich im 18. und 19. Jahrhundert über ganz Deutschland ausbreitete. Doch gerade die rasche Ausbreitung dieses Kultsymbols, welches anfangs in manchen Gegenden von christlicher Seite verdammt wurde, zeigt, daß der Baum als religiöses Sinnbild im Erberinnern, in den Archetypen verwurzelt war.

Schriftliche Zeugnisse über Mitteleuropa gibt es erst seit den Römern und dann aus der christlichen Zeit. Die

Christianisierung hat viele Bräuche verändert und umgedeutet, daher ist es schwer, etwas über die vorchristlichen Bräuche und ihre Inhalte zu sagen.

Wir wissen jedoch von den alten Griechen, daß sie heilige Haine hatten, die unverletzlich waren. Niemand durfte etwas abbrechen oder gar fällen. Nur für heilige Feste und besondere Zeremonien durften Zweige geholt werden. Auch von den Germanen ist das Bestehen heiliger Haine überliefert und die Verehrung, die die Bäume genossen. Bei den Kelten hießen die Wissenden »Druiden«, was »Baumwissende« bedeutet. Dies hängt mit dem englischen Wort »tree« für »Baum« noch zusammen. Zu erforschen bliebe, was »tree« sprachlich mit »drehen« und der Zahl »Drei« zu tun hat. Jedenfalls hat der Baum als Sinnbild der Ganzheit mit dem »drehen« des Jahresrades und mit der Zahl Drei als Zahl der Vollkommenheit (siehe den Beitrag von W. Bauer) etwas zu tun.

Aber auch das deutsche Wort »Baum« könnte auf einen solchen inneren Zusammenhang mit dem Jahreskreis und der Ganzheit hinweisen. Ist doch die heilige Silbe »AUM« (oder »OM«) darin enthalten, die nach der indogermanischen Überlieferung das ganze Weltall umfaßt; zugleich ist die Silbe »AUM« der Ablaut des Jahreskreises von A (über E,I,O) zu U.

Wir sehen also, daß der Baum sinnbildlich das ganze Leben umschließt, gleichsam das Symbol des Lebens ist. Und weil die Feste und Festbräuche dazu dienen, die Integration mit dem Weltganzen zu erneuern, deshalb gehört der Baum zu allen Festen dazu. »Die großartigste Ausprägung hat der Festbaum bei den Feiern der Winterszeit gefunden. Von unsern alten volkstümlichen Festzeiten ist die der Zwölf Nächte mit ihren vielen Festtagen und ihren mancherlei Bräuchen die wichtigste. Die Weihnacht, dies größte deutsche volkstümliche Fest, bewahrt das Erbe der uralten Feier der Wintersonnenwende, an der man das neue Jahr begann. Über die Form der germanischen Festbräuche dieser Zeit ist uns wenig überliefert, aber die religiösen Bräuche bewahrt ein Volk zäh und so können wir noch aus der späteren Zeit auf das germanische Altertum zurückschließen. Gewiß hat sich manches gewandelt; aber unter der Decke der Umdeutungen aus dem Vorstellungskreis einer anderen Welt, findet der Kundige doch noch leicht das Bodenständige, das Eigene heraus. Erst spät hat die Kirche die Geburt Christi in diese Zeit gelegt, vorher galt der Mittwintertag als der Geburtstag der Sonne und der Glaube herrschte, daß die Sonne in der längsten Nacht des Jahres sterbe, dann aber wiedergeboren werde und als ein neues, verjüngtes Licht von neuem den Kreislauf des Jahres beginne.

Mit der Sonne verjüngte sich die ganze Schöpfung, gewann ihre alte Frische wieder und ihre Kraft, aufs neue zu gebären, Blüten und Früchte hervorzubringen. Wie am Maitag und Mittsommertag holte man sich auch zum Fest der Wintersonnenwende einen Zweig oder Baum ins Haus. Man schmückte ihn, um so noch deutlicher werden zu lassen, was mit ihm einzog. Er war das Zeichen des ewig jungen göttlichen Lebens, das zu den Menschen kam und ihr Werk heiligte. Der Festbaum der Weihnacht hat sehr verschiedene Formen, aber meist finden wir Grünzweig, Apfel, Nuß und Licht verbunden. Auch die Gebäcke, die am Baum hängen, zeigen die vielfältigsten Formen, die alle ihre tiefe Bedeutung hatten. Unter diesen kehrt immer die Gestalt eines Männchens wieder, das seine Arme in die Seiten stemmt, so daß sie einen Kreis bilden. Man hat längst erkannt, daß die Bilder dieser Gebäcke alt und von Bedeutungsind. Dieses Männchen mit den Henkelarmen ist nichts anderes als die Darstellung des Jahreskreises, der das Gesetz der ewigen Erneuerung ausdrückt. Es ist leicht einzusehen, daß dieselbe Bedeutung auch der Apfel und die anderen oftmals vergoldeten Früchte haben. Form und Farbe weisen darauf hin, daß sie die Sonne versinnbildlichen, die in der Weihnacht sich erneuert. Daher hat das Essen des Apfels den Sinn, auch den Menschen zu verjüngen. Bekanntlich müssen in der germanischen Mythologie selbst die Götter den Apfel essen, um ihre Jugend zu erhalten.

Es ist nicht immer die Tanne oder Fichte gewesen, die man zu Weihnachten ins Haus holte. In manchen Gegenden waren es Buchsbaumzweige, die zu Gestecken verarbeitet wurden (siehe Abbildung). Oft folgten die Gestecke der dem Licht zustrebenden Pyramidenform des Baumes und weisen damit zugleich auf die eng verwandte Vorstellung vom Weltenberg. Dieser Weltenberg wird wie der Weltenbaum stets als Drehachse der Welt gedacht, als ihr Mittelpunkt. Jedes Fest – als Bemühen um Einfügung in den Kosmos – muß ja zur Mitte schauen, es ist das Bestreben aller Festbräuche, den Menschen einzumitten; – und indem er sich auf die Mitte, die Nabe (und den Nabel) der Welt konzentriert *kon-zentriert*), findet er damit auch seine eigene Mitte.

Der Licht- und Lebensbaum, der uns zu Weihnachten als Sinnbild der Fruchtbarkeit und Fülle und des ewigen Lebens strahlend Heil und Segen verheißt (wer denkt da nicht an das Glück unbefangener Weihnachtsfreude, das man als Kind genoß?), dieser Baum ist nach der germanischen Überlieferung auch der Maßbaum. Denn ohne das rechte Maß gibt es kein Leben; Leben an sich folgt einer strengen Ordnung, und diese Ordnung beruht auf dem rechten Maß. Alles muß im rechten Verhältnis zueinander stehen. Das dynamische Gleichgewicht der Natur zeigt uns dies.

Wenn heute unser Wald stirbt, täglich 40.000 Bäume sterben, so ist dies ein Zeichen für ein aus den Fugen geratenes Gleichgewicht, für eine Maß-losigkeit. Gerade deshalb ist die Rückbesinnung auf den Baum, den Licht- und Lebensbaum, heute notwendiger denn je. Seine Botschaft (und nicht nur sein Abbild) sollen wir uns gerade heute in unsere Zimmer und *in unsere Herzen* holen. Denn wenn der Baum Sinnbild des Lebens ist, dann vergeht mit ihm auch dieses.

Ludwig van Beethoven schrieb einst: »Wie froh bin ich, einmal in Gebüschen, Wäldern, unter Bäumen, Sträuchern, Felsen wandeln zu können. Kein Mensch kann das Land so lieben wie ich! Geben doch Wälder, Bäume und Felsen den Widerhall, den der Mensch wünscht.« Und: »Mein unglückliches Gehör plagt mich hier nicht. Es ist doch, als wenn jeder Baum zu mir spräche auf dem Lande, heilig, heilig. Im Walde Entzücken. Wer kann alles ausdrücken...« (nach Otto Huth).

Der Weihnachtsbaum ist Sinnbild des Lebens, des stets sich erneuernden Lichtes; grün ist die Farbe der Hoffnung. An uns ist es, aus diesem Wissen die Kraft zu schöpfen, die wir brauchen, um unserer Verantwortung gerecht zu werden und Wald und Baum zu retten.

Die Alten sahen den Baum als heilig an, weil er für sie das Leben verkörperte. Heute beginnen viele von uns zu begreifen, daß dies nicht eine weltfremde religiöse Vorstellung ist, sondern tiefe Einsicht in nicht nur ökologische sondern auch geistig-seelische Zusammenhänge. Nur wenn wir dem Baum lichtvolle Gedanken und lebensfrohe Taten entgegenbringen, wird der Baum auch uns weiterhin Licht und Leben schenken.

Literatur:
Otto Huth: Sagen, Sinnbilder, Sitten / Berlin 1943)
ders.: Der Lichterbaum / Berlin 1938
ders.: Die Fällung des Lebensbaumes / Berlin 1936

Hängender Weihnachtsbaum in Saalfeld (aus Huth/Lichterbaum)

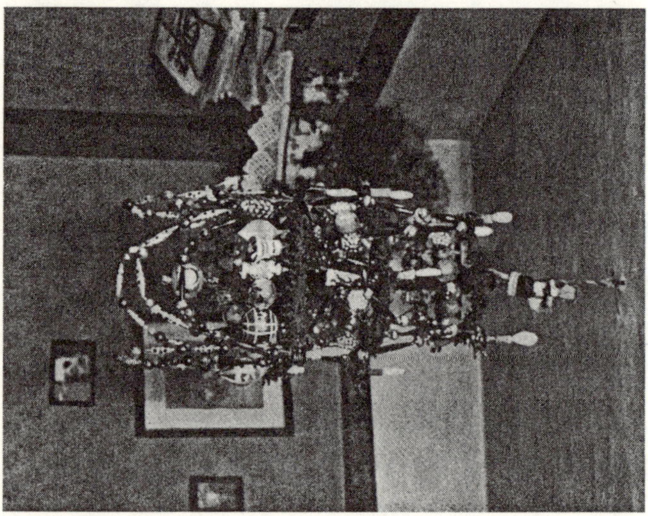

Hängender Reifenbaum in Saalfeld (aus Huth/Lichterbaum)

Klausenbaum vom Niederrhein (aus Huth/Lichterbaum)

Putzapfel aus Schlesien (aus Huth/Lichterbaum)

Weihnachten in heidnischer und christlicher Zeit

Andreas Lentz

Weihnachten – geweihte Nächte, Nächte der Weihe... wie anders klingt das doch als »Christmas« oder »Christfest«. Und überhaupt, wenn wir nur die Geburt von Jesus dem Christus feierten, woher dieser Name »Weihnachten«?

In dem Beitrag von Wolfgang Bauer haben wir schon gesehen, daß die Legende von Christi Geburt ältere Vorläufer hat und daß erst Jahrhunderte nach diesem Nulldatum unserer Zeitrechnung der 25. Dezember als der Geburtstag Jesu festgelegt wurde. Es kann daher nur naheliegen, wenn wir Weihnachten einen älteren Ursprung zuschreiben, der weit in vorchristliche Zeit zurückreicht.

Man muß auch gar nicht weit schweifen, um zu sehen, daß das Weihnachtsfest sehr eng mit der Wintersonnenwende zusammenhängt. Gibt der Beitrag von Wolfgang Bauer doch auch Aufschluß darüber, daß Christus in eine

Reihe gestellt werden sollte mit den anderen Lichtgöttern wie Krishna oder Mithras, so daß die Verlegung seines Geburtstages auf den 25. Dezember nur natürlich ist. – Natürlich: Eben die Natur, das kosmische Geschehen, setzt fest und setzt das Fest. Die Natur sagt, was geschieht am 24./25. Dezember: Die Neugeburt des Lichtes aus der Dunkelheit der Mittwinternacht. Und *natürlich* ist es auch die *Nacht* der Weih*nacht*, der die Feier gilt.

Am 21. Dezember ist Mittwinter, die längste Nacht des Jahres, und dann zählen wir eins (die Eins verkörpert Einheit und Stillstand), zwei (die Zwei verkörpert Dualität und Fruchtbarkeit), drei (die Drei verkörpert die Drehung, die Bewegung, die Wende): und schon haben wir den 24. Dezember. Und auf Drei, da erst *vollzieht* sich der Umschwung, da tritt das Dritte, das aus der Dualität geborene göttliche Kind hervor.

Das ist es, was wir feiern! Ob wir dem ganzen nun eine christliche Bedeutung unterlegen und sagen, wir feiern die Geburt eines Kindes, aus dem einmal Jesus wurde, oder nicht. Zugrunde liegt immer das kosmische Geschehen, das auftritt, seitdem die Erdachse diese Schräglage hat – und das ist ja wohl schon einige Zeit.

Hier ließen sich auch noch einige andere Beispiele heranziehen, an denen sich zeigen läßt, daß unser Christusmythos auf viel älteren Mythen aufbaut. So das Christusemblem, das aus der Hagallrune und der Thornrune besteht. Oder die interessante Tatsache, daß in vielen Kruzifixdarstellungen die Achse des Kopfes des Gekreuzigten auf sein Herz weist – *und* damit dieselbe Neigung aufweist, wie sie auch die Erdachse hat. Diese Neigung läßt sich aber auch schon an dem »Gekreuzigten« an den Externsteinen feststellen.

Die Neigung der Erdachse ist jedenfalls die Ursache für

den Wechsel der Jahreszeiten (besonders in den gemäßigten Breiten). Und der kritischste Punkt in diesem Jahreskreis ist der, wo nach dem Abnehmen des Lichtes dieses wieder auf seine Aufwärtsbahn umschwenkt. So sehen wir, daß der christliche Mythos eng mit den viel älteren Naturanschauungen verknüpft ist.

Das erweist auch das oben schon erwähnte Christusemblem. Es zeigt das Hagall, das Sechskreuz. Das Sechskreuz ist Sinnbild des Jahreskreises in den gemäßigten Breiten, wie wir ihn aus urtümlichen Kalendern noch nachvollziehen können. Schauen wir nämlich, wie sich der Sonnenaufgangspunkt und der Sonnenuntergangspunkt im Laufe des Jahres verschieben, und markieren wir von einem Mittelpunkt aus den nördlichsten und den südlichsten Sonnenaufgangspunkt sowie den nördlichsten und den südlichsten Untergangspunkt, so haben wir ein Malkreuz. Setzen wir jetzt die Nord-Süd-Achse darein (= Erdachse), so haben wir das Sechskreuz.

Nun ist aber im Jahreskreis nicht nur der Wechsel des Jahres ausgedrückt, sondern auch (und vor allem!) der räumlich sich ja tatsächlich vollziehende Lauf der Erde um die Sonne. Wenn also der Christus das Jahresrad als Zepter führt, so weist ihn das als Herrn des ganzen Raumes aus, den die Erde in ihrer Bahn umgreift.

Die Thorn- oder Dornrune, jenes Dreieck an der Senkrechten, ist das Zeichen des Jahresspalters. Die Achse des Jahres spaltet das Jahr in eine Zeit des zunehmenden und in eine Zeit des abnehmenden Lichtes (= Tageslänge). Damit tritt der christlich Mythos in die Nachfolge des alten Jahrgottes, den unter anderem auch der germanische Gott Thor verkörpert.

Die christliche Überlieferung spricht von zwölf Jüngern Christi (und manche wollen wissen, daß Jesus verheiratet war und auch zwölf Jünger*innen* hatte!). Nun wissen wir aber aus der Astrolgie, die viel älter als das Christentum ist, daß es auch zwölf Tierkreiszeichen gibt, welche wiederum das ganze Jahr widerspiegeln. Gehen wir auf diesen alten Tierkreis zurück, so finden wir bald den *Tyr*(=Götter)-Kreis der germanischen Überlieferung mit zwölf Götterpaaren. Kurz und gut: der christliche Mythos beruht auf uralten Vorbildern, Urbildern, deren Herkunft sich im Dunkel der Frühgeschichte nicht mehr dingfest machen läßt.

Wenn wir also sehen, daß das Weihnachtsfest in seiner urtümlichen Grundbedeutung das Feiern der Wiederkehr des Lichtes ist, und also auch sehen, daß der christliche Mythos viel ältere Mythen überlagert hat; wenn wir uns klarmachen, daß das Licht, dessen Wiederkehr, Wieder*geburt* wir feiern, der Herr des Jahres ist, dann bleibt die Frage, *wem* ist Weihnachten geweiht und wer gebiert das Licht?

In der germanischen Überlieferung finden wir für die Weihnachtszeit den Ausdruck »Mutternächte«. Sollte Weihnachten den Müttern geweiht sein? Gar der Mutter des Lichtes, wie man ja auch (siehe meinen Beitrag »Kultsymbolik«) Maria als »Mutter des Lichtes« übersetzen kann?

Heute wird kaum noch bestritten, daß am Anfang die mutterrechtliche Zeit war, die Mutter als die Quelle des Lebens angesehen wurde. Dann würde uns die Bezeichnung »Mutternächte« auf die mutterrechtliche Zeit zurückverweisen. Und vor allem: Der Sinn des Feierns wäre nicht nur die freudige Teilhabe an der Wiedergeburt des Lichtes, sondern mehr noch eine Weihe, ein Sich-Anheim-Stellen an die Mütter. Wie es noch in dem schönen Lied von Hans Baumann, Hohe Nacht der klaren Sterne, heißt: »Mütter, euch sind alle Feuer, alle Sterne aufgestellt, Mütter, tief in euren Herzen, schlägt das Herz der weiten Welt.«

Urweistum drückt sich in den Mythen aus. Es ist die Dunkelheit der Nacht, die das Licht gebiert – oder kann man sich vorstellen, daß das Licht die Dunkelheit hervorbringt?

Noch in »christlichen« Bräuchen finden wir den Mutterschoß wieder, wenn auch wenig offenbar. Aber was ist die Krippe, um die sich die alljährlich in der Kirche aufgeführten Krippenspiele drehen, anderes als ein Sinnbild für den weiblichen Schoß, in dem das Kind wohl geborgen ist?

Weihnachtliche Bräuche gibt es viele, sie drehen sich um den Nikolaus oder Knecht Ruprecht, die Lucia, das Christkind und den Weihnachtsmann, um die Krippe, Maria und Joseph und die Heiligen Drei Könige. Sie alle sind Sinnbilder, die sich auf ältere Vorbilder zurückführen lassen, hinter denen Urbilder stehen.

Wenn wir die Geschichte des Brauchtums betrachten, dann sehen wir, daß es vielfältigen Wandlungen unterworfen war, nicht zuletzt deshalb, weil mit Festen und ihrer ideologischen Besetzung stets auch Machtpolitik betrieben wurde. Die christliche Kirche hat anfangs heidnische Bräuche mit Feuer und Schwert bekämpft, alte heilige Plätze zerstört und verflucht. Später ist sie dazu übergegangen, die heidnischen Bräuche zu assimilieren und sie mit ihren Deutungen zu versehen. Sie hat die alten heiligen Plätze übernommen und darauf ihre Kirchen gebaut.

Nicht zuletzt aufgrund der Politik der Kirche ist es heute schwer, die vorchristlichen Bräuche authentisch wiederzufinden. Hatte doch ein Sohn von Kaiser Karl noch viele Wagenladungen mit Büchern mit alten Aufzeichnungen nach Rom geschickt. Es würde hier zu weit führen, in die Einzelheiten zu gehen, es bleibt aber festzustellen, daß es eine ungeheure Anmaßung der Kirche ist, das Weihnachtsfest als »christliches« Fest im kirchlichen Sinne allein für ihre Ideologie in Anspruch zu nehmen. Gleichwohl bleibt das »alte Wahre« wahr, auch wenn es von Leuten, denen der Zweck die Mittel heiligt, mißbraucht worden ist.

Es hat auch wenig Sinn, die Verbrechen, die im Namen von Ideologien und Religionen und besonders des Christentums begangen worden sind, zu beklagen. Sondern es geht vielmehr darum zu erkennen, wie uns die Einengung auf eine Ideologie vom tieferen Sinn des Weihnachtsfestes entfremdet hat. Und damit von dem kosmischen Geschehen, das wir feiern.

Alle Religion hat ihren Ursprung in der Natur, nicht nur im vordergründigen Sinne. Wenn Gott der Schöpfer der Natur ist, dann drückt sich in seiner Schöpfung seine Idee, sein Gedanke aus. So wären Geist und Stoff verschiedene Verdichtungsformen ein und desselben Seins. Und dann steht die Verehrung der Natur und der ihr innewohnenden Gesetzmäßigkeiten keineswegs niedriger als die Verehrung eines abstrakten Gottes und der Glaube an buchstabenschriftliche Überlieferung.

Die Götter und der Mythos, sie sind keineswegs tot. Sie haben sich lediglich vor uns zurückgezogen. Wenn ich einen Eimer Wasser aus dem Fluß schöpfe und meine, damit den Fluß zu haben; und wenn ich dann den Fluß nicht mehr sehe, sondern nur noch *mein* Wasser (*meinen* Glauben) und schließlich feststelle, daß es gar nicht der Fluß ist, könnte ich ja auch meinen, der Fluß ist tot. So etwas ähnliches haben wir mit dem Weihnachtsfest angestellt, und jetzt wundern wir uns, daß kein Leben mehr darin ist, kein Fließen.

Das heißt aber nicht, daß das Weihnachtsfest tot ist. Es hat sich lediglich vor uns zurückgezogen. Wir haben es herausgetrennt aus der lebendigen Bezogenheit mit dem umfassenderen Sein der Natur und des Kosmos, genau so wie wir unser ganzes zivilisiertes Leben herausgetrennt haben aus den natürlichen Kreisläufen (natürlich nicht bis zur letzten Konsequenz – auch wenn wir darauf zusteuern –, denn das wäre der Tod).

Die kirchenchristliche Ideologie verachtet die Natur, die Frau, den Leib, die Sinnenfreude. Sie ist geistesgeschichtlich mitverantwortlich für den Bruch zwischen Mensch und Natur, seiner äußeren *und inneren* Natur. Dieses Buch (wie jedes Buch!) kann nur gedankliche Klärungen anregen, Notwendigkeiten einsichtig machen, doch dies ist nur der erste Schritt.

Der nächste Schritt ist, die Bezogenheit mit dem Fluß des Seins wieder herzustellen. Dies ist es, was den tiefsten Grund des Festes ausmacht, daß wir eine harmonische Wiedereinbindung in das Ganze schaffen, eine Harmonie herstellen zwischen den verschiedenen Reichen unseres Seins: Vernunft und Trieb, Mensch und Natur, Gesellschaft und Einzelwesen.

Die erste und letzte Voraussetzung des Festes ist jedoch die unbedingte Zustimmung zur Welt, das Ja-Sagen. Oder, wie Josef Pieper es formuliert:

Ein Fest feiern heißt: die immer schon und alle Tage vollzogene Gutheißung der Welt aus besonderem Anlaß auf unalltägliche Weise begehen.

Dies ist es, woran unsere Kultur krankt: daß wir die Welt nicht gutheißen = nicht gut heißen = nicht gut nennen. (Die Erde als Jammertal ist ja auch Bestandteil der christlichen Ideologie.) Denn, wie Nietzsche in seinen nachgelassenen Schriften sagt: »Um Freude irgendworan zu haben, muß man *alles* gutheißen.« Doch gilt, wie Nietzsche ebenfalls erkannt hat, der Umkehrschluß auch: »Gesetzt, wir sagen Ja zu einem einzigen Augenblick, so haben wir damit nicht nur zu uns selbst, sondern zu allem Dasein Ja gesagt.«

Bleibt zum Schluß dieser Betrachtung zu sagen, daß wir diese Zustimmung zur Welt, dieses Jasagen und Gutheißen *lernen* können, etwa nach der Methode, wie Dolores LaChapelle sie uns vorschlägt: Lachen wir, dann kommt Lachen zurück. Oder: Fühlen wir uns niedergeschlagen, dann atmen wir tief durch und richten wir uns auf.

Oder: Erleben wir im Weihnachtsfest das kosmische Geschehen der Wiedergeburt des Lichtes nach, ob wir es nun schon in uns empfinden oder nicht, es wird auf uns wirken. Nur, wir müssen es *tun*. Wie, dazu werden im nächsten Kapitel ein paar Anregungen gegeben, ein paar Krücken, die viele von uns brauchen, um neu gehen zu lernen, die wir aber wegwerfen sollen, wenn wir *selbst* gehen können.

Anregungen für das Weihnachtsfest der neuen Zeit

Lorenz Konrad

Wie schon im vorangegangenen Kapitel gesagt, läßt sich ein Fest nicht *machen*, die Freude und die Tiefe sind immer ein Geschenk, etwas, das nicht allein aus dem *Wollen*, sondern einem größeren *Wirken* heraus geschieht. Es *geschieht*!

Zudem ist die Ausgestaltung eines Festes, das, was wir Kult, Zeremonie oder Brauch nennen, nicht aus dem Boden zu stampfen, sondern immer auch Ausdruck unseres alltäglichen Lebens. Wie soll man ein naturverbundenes Weihnachtsfest feiern, das sich auf den kosmischen Rhythmus einschwingt, wenn man das ganze übrige Jahr vom Rhythmus der Maschinen, Motoren, Quarzuhren und Rundfunknachrichten geprägt wird und das Wetter besser aus dem Wetterbericht, als aus eigener Erfahrung kennt.

Bei meinen Anregungen zum Feiern des Weihnachtsfestes gehe ich davon aus, daß die Würde des Menschen untrennbar mit der Würde der ganzen Ökosphäre verbunden ist. Wir können als Menschen nicht *werden*, was wir sind (und das meint »Würde«), wenn wir dies nicht auch allen anderen Wesen unserer Umwelt zugestehen: Steinen, Pflanzen, Tieren, Flüssen, der Landschaft; genausowenig wie eine Eiche aus einer Eichel heranwachsen und werden kann, was sie ist, ohne die Luft, die Sonne, den Boden mit seinen zahllosen Mikroorganismen, den Wechsel des Wetters usw.

Daraus folgt nun, daß jedes Fest, wie immer wir es im einzelnen gestalten, immer die drei Aspekte beinhalten muß:

Erstens den sozialen Aspekt. Der ist uns geläufig. Bei einem Fest kommen wir mit anderen Menschen zusammen, in Zeremonien (und sei es nur das Anstoßen der Biergläser) findet ein tiefenseelischer Austausch statt, der bei einem geglückten Fest eine Harmonisierung bewirkt. Auch der Tanz spielt hier im sozialen Austausch eine hervorragende Rolle, ebenfalls das gemeinsame Musikhören (wenn es auch immer seltener gemeinsames Musik*machen* ist).

Zweitens den individuellen Aspekt: Der Mensch ist nicht nur was er denkt. In ihm sind nicht nur zwei Gehirnhälften, das rationale und das imaginäre Denken, sondern auch das säugetierhafte und das reptilische Gehirn aus den früheren Stadien der Evolution. Ein Fest muß auch diese nicht-rationalen Gehirnteile ansprechen, ihnen Ausdrucksmöglichkeiten bieten und so eine innermenschliche Harmonisierung herbeiführen.

Drittens den ökosphärischen Aspekt, d. h. das, was uns mit unserer Umwelt verbindet. Augenfälligster Ausdruck ist, das bis heute kein Fest ohne Essen und Trinken denkbar ist. Essen und Trinken ist aber, nebst dem Atmen, der offensichtlichste Bezug zu unserer Ökosphäre, die innigste Vermählung mit unserer Umwelt, da doch aus den Molekülen, die wir essen, die Moleküle werden, die wir buchstäblich sind. Aber der ökosphärische Aspekt geht weit darüber hinaus, daß wir essen, sondern unsere Mahlzeit sollte Gedenkzeit sein, ein Fest uns in Erinnerung rufen, auf wie vielfältige Weisen wir mit dem Ökosystem verflochten sind. Daraus ergibt sich das Gefühl der Dankbarkeit, so vieles Leben bringt sich uns dar, damit wir leben können. Ein Fest ist erst dann im eigentlichen Sinne Fest, wenn wir es unsererseits als ein Darbringen erleben und feiern.

Dieses Darbringen hält auf allen Ebenen den Kreislauf des Lebens in Gang. Wenn wir nur nehmen und nichts darbringen, dann zerstören wir den heiligen Reif des sich stets erneuernden Seins – und damit uns selbst. So gesehen ist wohlverstandener Egoismus und wohlverstandener Altruismus ein und dasselbe.

Das Darbringen, das wir beim Fest auf den verschiedenen Ebenen vollziehen – zwischenmenschlich, innermenschlich und zwischen Mensch und Natur –, ist letzter Sinn und Erfüllung jeden Festes – und natürlich gerade des Festes des Schenkens.

Leicht zu verstehen ist, wie das Darbringen zwischen den Menschen geschieht, die sich beschenken, beglückwünschen, miteinander ein Mahl teilen, miteinander sprechen; auch noch nachvollziehbar ist, wie das Darbringen zwischen den verschiedenen Bereichen unseres Seins abläuft: unsere Organe dienen sich gegenseitig, die Lungen versorgen das Gehirn mit Sauerstoff, der Verdauungsapparat versorgt den Körper mit Energie und Bausteinen, das Gehirn mit seinen Sinneswahrnehmungen hilft, die Nahrung zu finden, die Hände erarbeiten für den Körper die schützende Kleidung, die Seelenbilder geben unserem Denken Nahrung, die Triebe geben unseren Handlungen Kraft und unsere Vernunft zügelt die Triebe usw. usf.

Und das Darbringen zwischen Mensch und Natur verstehen wir auch zur Hälfte: nämlich wie die Natur sich uns darbringt. Nicht nur die Luft, die wir atmen, die Nahrung die wir essen, auch die Bodenschätze, die unseren heutigen Komfort begründen. Doch wo ist hier die Gegenseitigkeit und wie könnte sie aussehen?

Meine Antwort darauf – die zu begründen viel mehr Raum bedürfte, als ihn dieses Buch bietet – beruht auf der Annahme, daß Geist und Materie jeweils Spiegelbilder von einander sind. Sie sind verschiedene Schwingungsformen, die sich ständig vom einen ins andere verwandeln. Wenn ich aus einem Klumpen Ton einen Krug forme, so ist dies *ein* Vorgang, ein Fluß, der ohne festzumachende Grenze von meinem kreativen Gedanken über meine Hände zum ungestalteten Ton fließt. Unsere Gedanken, die in unserem Geist Gestalt annehmen, sind Bildekräfte, die sich in stofflicher Form manifestieren können. Doch ich gehe weiter und spreche jedem Ding einen Geist zu, die Landschaft hat einen Geist, der Berg, der Fluß – man könnte auch sagen, all diesem liegt eine Idee, liegen Bildekräfte zugrunde, die man auch als Götter bezeichnen könnte.

Diese Bildekräfte, die als Idee und Struktur etwa einem Samen innewohnen, sind das vielfältige Muster des Lebensgewebes und -gewirkes. Sie manifestieren sich im Stoff, im Leben. Und dieses Leben bringt sich uns dar. Und damit ergibt sich meine Antwort auf die oben gestellt Frage fast von selbst: Wir, in geistiger Vermittlung, bringen die Lebenskraft wiederum den Bildekräften dar, womit sich der Kreis schließt.

Diese Vorstellung ist uralt und bis in jüngste Zeit lebendig geblieben, etwa wenn die letzte Garbe im Feld stehen gelassen und mit einem kleinen Ritual gefeiert wird.

Man glaubt, daß die Bildekraft wieder ausstrahlt (besonders wenn sie durch das Ritual aufgeladen wird) und die Fruchtbarkeit erneuert.

Der Kult, das Ritual, die Zermonie, das sind also unsere Weisen des Darbringens. Denn richtig vollzogen bauen sie Lebenskraft auf, aus denen sich die Bildekräfte nähren. Oder mit anderen Worten: Unser Od (= Lebenskraft = chin. *Chi* = ind. *Prana*) speist die Götter. Wobei gleich anzumerken ist, daß der Glaube an Götter (wenn man sie so nennen will, und man kann das mit einigem Recht) den Glauben an Gott, ein höchstes Wesen oder eine Weltseele oder Urintelligenz oder wie immer man sie nennt, durchaus nicht ausschließt, sondern daß sich beide Vorstellungen bedingen. Doch dies nur nebenbei.

Diese lange Vorrede zu den praktischen Beispielen und Anregungen erschien mir notwendig, um unserem heute so vorherrschenden rationalen Denken etwas plausibler zu machen, daß die vorgeschlagenen Wege, Weihnachten zu feiern, durchaus kein »Kinderkram« sind und auch nicht einer überwundenen Phase der Menschheitsentwicklung angehören. Im Gegenteil, gerade hier liegt das entscheidende Entwicklungspotential für die Zukunft ganz einfach deshalb, weil unser Denken nicht im geringsten ausreicht, um auch nur das Funktionieren eines kleinen Ausschnitts der Ökosphäre zu verstehen. Was bleibt, ist, uns an das größere Wissen, die alles Leben steuernde Intelligenz, die Weisheit der Erde *anzuschließen*, unseren kleinen »Computer« im Schädel an das große »Computernetz« anzuschließen, um als integraler, eingebundener Bestandteil der Ökosphäre unseren Platz zu finden, der überhaupt erst die Voraussetzung für Menschenwürde ist – und dazu sind die Feste, der Kult und das Ritual der Schlüssel, dic ja nebenbei allgemein anerkannte und erwiesene seelische Auswirkungen haben, mit denen die Psychologie auch arbeitet.

Die Vorweihnachtszeit

Hinter uns liegt der November, der Nebel- oder Totenmonat, astrologisch die Zeit des Skorpions, der hinabsteigt in die tiefsten Tiefen und ins Jenseits. Mit der Vorweihnachtszeit treten wir in die Zeitqualität des Schützen, der regiert wird von Jupiter (=Zeus oder Donar) und dem Element Feuer zugeordnet ist. Obschon die Tage jetzt noch kürzer und dunkler werden, so ist der drängende Feuerimpuls jetzt tätig, um das Kommen des Lichtes vorzubereiten. Das Ungeborene ist im letzten Monat vor der Geburt ja auch schon kräftig am sich Rühren, um für den Augenblick der Geburt gerüstet zu sein. So trägt gewissermaßen der Schütze (zielstrebig) das Licht, das der Skorpion in den Tiefen gefunden hat, nach oben auf den Berg, um dort die neue Flamme zu entzünden.

In der germanischen Überlieferung ist jedem Tyr(=Gott)kreiszeichen ein weiblicher und ein männlicher Herrscher zugeordnet, die jeweils nach innen oder nach außen herrschen. Beim Schützen, dem Himmelshaus Trudheim, ist Donar (oder Thor) der Außenherrscher und die drei Nornen regieren nach innen.

Damit ist das Wesen dieser Zeit recht gut versinnbildlicht, denn einerseits ist diese Zeit dem Aufräumen der Vergangenheit, der Auseinandersetzung mit den Schicksalsfäden gewidmet (die Nornen), andererseits schon von Vorfreude auf die Jahreswende und von Fülle und Frieden geprägt, den Attributen Donars.

Zur Weihnachtsfeier gehören die vier Adventssonntage dazu (Ad-wend = an der Wende). Wir nutzen sie für kleine Feiern und für die Vorbereitung der Weihnachtsfeier. Aus den folgenden Vorschlägen suchen wir uns das heraus, was bei uns auf einen Widerhall trifft, wandeln es ab, wie es uns entspricht oder kommen dadurch auf eigene Gedanken.

Erster Advent

Am Samstag vor dem ersten Advent gehen wir mit Gaben (Äpfel, Nüsse, Stoffstreifen in Osterwasser getränkt, Steinen usw.) in unserer Umgebung umher und suchen die immergrünen Bäume. Wir gehen zu ihnen hin und sprechen zu ihnen von der wichtigen Bedeutung, die sie für unser und das Wohlergehen unseres Wohnortes haben. Wir rufen uns ihre besonderen Eigenschaften ins Gedächtnis, bringen ihnen eine unserer Gaben dar und brechen oder schneiden dafür einen Zweig ab.

Wenn möglich gehen wir auch zur Weide, um von ihr einige biegsame Stecken abzuschneiden. All dies können wir allein tun, aber auch in einer Gruppe, mit unserer Familie oder Freunden. Wenn wir eine größere Gruppe sind, sprechen – soweit zutreffend – jene zu den Bäumen, die ihnen astrologisch zugeordnet sind (vergl. Keltisches Baumorakel oder Indianisches Medizinrad). Damit wird es auch zu einer Gruppenarfahrung, wo wir etwas vom Charakter unserer Mitmenschen erfahren.

Aus den Weidenzweigen binden wir einen Kranz, um den wir die anderen immergrünen Zweige binden. Wir können aber auch pyramidenartige Gestecke binden oder einfache Sträuße, die wir in Wasser stecken oder gebunden an Türen hängen. Kranz, Gesteck oder Strauß schmücken wir wie es uns entspricht. Ein um den Kranz gewundenes Band drückt den Lauf der Zeit im Kreis des Jahres aus, Äpfel und Nüsse sind Zeichen für Jugend und Lebenskraft, Vogelbeeren sind magische Schutzzeichen, Gold und Silber versinnbildlichen Sonne und Mond, der Sechsstern das Allumhegende usw.

Am ersten Advent decken wir den Frühstückstisch um den Adventskranz, auf den wir vier Kerzen stecken, oder auch um das Gesteck herum festlich. Vielleicht liegt auf jedem Teller auch schon ein Weihnachtskeks. Vor dem Essen entzünden wir die erste Kerze (der günstigste Zeitpunkt wäre natürlich der Sonnenaufgang) und sinnen schweigend über das Licht und das Grün. Wir können auch reihum ein paar Worte sprechen, wie sie uns kommen, können die Kräfte ansprechen, die das Grün haben wachsen lassen, über unsere Hoffnungen für die kommende Zeit und unsere Wünsche. Dann singen wir vielleicht ein Lied oder jemand spielt ein kleines Stück auf der Gitarre.

Das Frühstück, das wir dann zu uns nehmen, wird ein anderes sein, als gewöhnlich.

Der Nachmittag sollte uns wieder zusammenführen, um zum Sonnenuntergang wieder die kleine Zeremonie mit dem Adventslicht, eine kleine Viertelstunde der Besinnung, durchzuführen. Anschließend widmen wir uns der Vorbereitung unserer Weihnachtsfeier, lernen die Lieder, die wir singen wollen, basteln die heiligen Sinnbilder, die an den Weihnachtsbaum kommen, backen die Gebildebrote für das Kultmahl, lernen oder erfinden gar einen kleinen Tanz. Dazu gehört aber auch das Vorlesen von mythischen Geschichten, die uns entsprechen, seien es nun christliche oder heidnische, germanische oder indianische Legenden, Märchen oder Gedichte.

Auch Spiele gehören in diese Zeit, besonders jene, die

den ewigen Kampf zwischen Licht und Schatten darstellen, wie Schach, Dame oder die nordischen Tafl-Spiele.

Viel Spaß macht es auch, in einer Gruppe ein Kultspiel zu entwickeln. Wir erzählen reihum, was uns die Weihnachtszeit bedeutet, was sie sinnbildlich ausdrückt und wie wir diese Urkräfte in Charaktere formen können. Dazu holen wir uns vielleicht auch Anregungen aus der Mythologie, etwa vom Wolf, der die Sonne verschlingt, die wiedergeboren wird. Oder vom Eisriesen, der die Grünende vertreibt, und vom Sonnenknäblein, das die Grünende wieder in ihrem Winterhaus zu neuem Leben erweckt.

Wenn die Geschichte und die Rollenverteilung steht, haben wir noch drei Sonntage Zeit, die Masken und Kostüme zu basteln, den Text auszuarbeiten und das Spiel einzuüben.

Weitere Vorbereitungen wären:
Das Sammeln von Material fürs Sonnenwendfeuer, vielleicht das Basteln einer Strohpuppe. Oder gar, wie früher üblich (und wo es bergig genug ist), das Herrichten eines Rades mit Stroh, das zu Mittwinter brennend einen Berg hinabgerollt wird.
Die Vorbereitung der Kultgegenstände, die wir für unseren Weihnachtskult brauchen (Vorschläge im Einzelnen siehe hinten).
Die Errichtung (oder Herrichtung) eines Medizinrades oder Steinkreises draußen. Dazu brauchen wir vier Steine (auf die Himmelsrichtungen ausgerichtet) und einen Mittelstein oder, besser, in der Mitte eine Feuerstelle.

Wenn wir nur eine Stadtwohnung haben, können wir einen Adventskranz auch kultisch errichten, indem wir an jedem Adventssonntag in eine der vier Himmelsrichtungen (beginnend mit dem Osten) gehen (es muß nicht so genau sein), um einen guten Platz ausfindig zu machen, an dem wir z. B. einen Edelstein vergraben, einem Baum oder Stein eine Gabe darbringen, eine Kerze entzünden und über ihr Licht meditieren oder ähnliches. So schaffen wir sinnbildlich einen Schutzkreis, in dessen Mitte wir auch stehen, wenn das eine Dreieinhalbzimmerwohnung im sechsten Stock ist.

Wichtig ist, daß wir an dem Ort und mit den Möglichkeiten, die wir haben, anfangen, heilige Bezüge zu unserer Lebenswelt aufzubauen und willentlich und bewußt die anderen Lebewesen (Stein, Wasser, Landschaft, Pflanze und Tier) und die Bildekräfte (Götter) in unsere Feier einschließen.

Und wichtig ist, daß wir Dank sagen. Wir sollten stets das Gute erwähnen, das uns unsere Umgebung schenkt und brauchen es gar nicht als lächerlich empfinden, wenn wir sagen: Liebes Dach, ich danke dir, daß du mich beschützt vor Regen und Schnee. Oder haben wir nicht vielleicht auch einen Hausgeist, der den Speisen, die wir ihm hintun, das Od, die Lebenskraft entnimmt? Vielleicht gibt es ihn, und dann danken wir ihm – und wenn es ihn nicht gibt, kann das zumindest nicht schaden.

Zweiter Advent

Den zweiten Advent begehen wir ähnlich, wie den ersten. Wieder entzünden wir am Adventskranz das Licht, diesmal zwei Kerzen. Wir bedenken, daß der Adventskranz das Jahresrad versinnbildlicht. Die erste Kerze steht für den Osten, sie ist die Eins, das »Ich bin«, der durchdrängende Wachstumsimpuls. So wird am ersten Advent auch der Anfang gemacht mit allen Aktivitäten.

Der zweite Advent entspricht hingegen dem Süden,

die Zwei ist das »Du bist«, das Erkennen des Gegenüber, der Polarität der Gegensätze, die erst das Sein ins Dasein bringt.

Wir besinnen uns auf diese kosmischen Gesetzmäßigkeiten und führen fort, was wir am ersten Advent begonnen haben.

Dritter Advent

Die Kraft eines Kultes oder Ritus entsteht aus der Wiederholung, die immer wiederholte Drehung der Turbine erzeugt den Strom. Ebenso wächst die Kraft und Intensität, wenn wir jetzt zum dritten Mal das Licht am Kranz entzünden, diesmal drei Kerzen.

Die dritte Kerze auf dem Jahreskranz steht für den Westen, jetzt muß das Begonnene hingeführt werden zur Reife, unser Kultspiel muß langsam stehen, unsere Lieder allmählich klingen, die Texte sitzen.

Die Drei ist das »Wir sind«, die Erkenntnis, daß hinter der Polarität der Zweiheit eine dritte, transzendente Kraft steht, die die beiden Pole zusammenhält und ihnen die Drehung verleiht, indem sie gewissermaßen die Achse darstellt. Wir denken nach über die Drei im kosmischen Gefüge: Plus, Minus und Erde in der Elektrizität; wo noch? Vater, Sohn und Heiliger Geist; Vater, Mutter und Kind; Wurzel, Stamm und Äste; Jugend, Erwachsenenzeit und Alter usw.

Vierter Advent

Am vierten Advent bringen wir die Vorbereitungen zum Abschluß, wir setzen den Schlußstein. Die Vier ist dem Norden zugeordnet und die Zahl der Vollendung auf der materiellen Ebene. Die Vier sagt »Es sei«.

Wir haben vier Elemente; Heidegger spricht vom Geviert: Erde und Himmel, Menschen und Göttliche; wir haben vier Jahreszeiten.

Der vierte Advent ist der Abschluß im Kreis des im Kranz versinnbildlichten Jahres, wir sind im Norden angelangt, eben an jener Stelle des Jahres, an der wir uns auch im wirklichen Jahr befinden. Hier im Norden beschreibt der Tageslauf der Sonne den kleinsten Bogen. Diesen Bogen zu durchschreiten, müssen wir das Haupt beugen.

Am vierten Advent können wir eine Höhle aufsuchen und das Mysterium des in das Winterhaus Eintretens nacherleben. Wir gehen ein in die bergende Höhle gleichwie die Sonne. Wir weihen uns dem Schoß der Erde. Dies kann zu tiefen Trancezuständen führen, darum: man sollte schwimmen gelernt haben, bevor man sich ins tiefe Wasser stürzt.

Der vierte Advent eignet sich auch besonders für eine Schwitzhüttenzeremonie. Die Kuhle in der Mitte der Schwitzhütte nimmt die heißen Steine auf, die Erde die in Stein gebundene Sonnenkraft.

Wintersonnenwende

Der astronomisch richtige Tag für die Wintersonnenwende ist meist der 21. Dezember. An diesem Tag betritt die Sonne das Himmelshaus Steinbock oder Thrymheim. Jupiter wird abgelöst von Saturn, Donar von Widar und die Nornen von Skadi. Mit dem Eintritt in den Steinbock ist das Grundelement nicht mehr Feuer, sondern Erde.

Anfangs mag uns das recht gegenläufig erscheinen. Jetzt, wo die Wende geschafft ist, tritt Kronos-Saturn auf den Plan, der Gott des Karmas, der hemmende Gestrenge. Doch sehen wir die Jahreszeit an, trifft dies ja zu, der Winter setzt jetzt ein und mit ihm die Auslese durch Hunger und Frost. In der germanischen Mythologie ist Skadi die Außenherrscherin dieses Himmelshauses, eine Gestalt der Erdmutter, die Schnee- oder Winterkönigin, die als Eisfee auch in Märchen vorkommt.

Mit dieser Zeit kommt eine Zeit strenger Prüfung, und wir tun recht daran, an ihren Anfang das Sonnwendfeuer zu setzen, in dem alles Alte, Überholte, Kranke und Morsche verbrannt wird, das uns für die Zukunft nur belasten würde. Wir tun auch recht daran, uns auf das Wesentliche und Notwendige zu besinnen, dem inneren Gerüst und weniger dem äußeren Schein Achtung zu schenken.

Widar, der Innenherrscher dieser Zeit, ist ein Sohn Odins, der der Sage nach den Fenriswolf tötet. Er ist damit der siegreiche Sonnenheld, der jetzt wiedergeboren wird, doch anfangs bleibt er verborgen und wirkt nur von innen her. (Auch in der Jesuslegende müssen Maria und Joseph mit dem Kind fliehen, ins Exil gehen.)

Einige Elemente, die wir hier in unseren Anregungen dem vierten Advent oder der Sonnenwende zuordnen, können ohne weiteres auch am 24. oder 25. Dezember stattfinden. Da lasse sich jeder von seiner Intuition leiten.

Zur Sonnenwende gehören jedenfalls das Sonnenwendfeuer und die Lieder und Tänze, die einen unmittelbaren Bezug auf diesen kritischen Umschwungtag haben, etwa:

Sonnenwende, Sonnenwende, deine Feuer
sind entfacht!
Um die lohen Weihebrände
reichen wir uns froh die Hände
in der heil'gen Mutternacht.

Ein Sonnenwendkult kann z. B. so aussehen:

1. Wir gehen an unseren (heiligen) Platz (Medizinrad), wo das Feuer vorbereitet ist, und schließen zuerst den heiligen Kreis. In der Überlieferung der Hexen (nach Starhawk) geschieht das, indem wir die Himmelsrichtungen und ihre Kräfte anrufen und die zugehörigen Attribute in den Richtungen hinlegen: Im Osten rufen wir das Element Luft; dort legen wir eine Feder oder ein Messer hin. Im Süden rufen wir Licht und Wärme, dort legen wir unseren Zauberstab hin (den Stab der Fülle). Im Westen rufen wir die Geister des Wassers (der Flüsse, des Meeres, des Regens) und stellen eine Schale mit Wasser hin. Im Norden rufen wir den Geist der Erde und dort legen wir einen Kraftstein und/oder das Pentagramm, den Fünfstern hin.

Die Sinnzeichen können wir nach unserer Eingebung abwandeln, allerdings nicht willkürlich – solche Rituale haben Kraft und sollten mit Bedacht durchgeführt werden.

Die Anrufungen erfolgen aus unserem Herzen, wir bitten die Kräfte, an der Feier teilzunehmen – auch die zugeordneten Tiere und Pflanzen, die uns einfallen – wir danken ihnen für ihr Wirken und sprechen Bitten an sie aus. Wir schließen das, was wir sagen, mit einem »So sei es, gesegnet sei es« oder einer ähnlichen Schlußformel ab.

2. Wenn der Kreis geschlossen ist, gedenken wir des vergangenen Jahres und rufen uns die Bedeutung der Zeit ins Gedächtnis. Dies kann schweigend, durch eine Ansprache oder das Lesen einer mythologischen Geschichte geschehen.

3. Dann wird das Feuer entzündet, am besten wäre es, dies mit einem Drehholz auf Indianerart zu tun, das sollte man dann aber geübt haben! Sonst nehmen wir halt Streichhölzer (besser als Feuerzeug) oder eine Fackel. Bedenken wir, daß auch das Feuer einen Geist hat. Es ist daher besser, den Kern des Feuers von dünnem brennbaren Reisig zu immer dickeren Spänen aufzubauen, als einfach nur Zeitungspapier zu nehmen. Wie das Feuer langsam anfängt zu brennen, sinnen wir schweigend. Besonders wenn Kinder dabei sind, sollte aber bald ein Lied angestimmt werden und ein Tanz ums Feuer, z.B. zwei Schritt vor, ein zurück; also: vor, vor, rück, vor, vor, rück... und natürlich dem Sonnenlauf folgend, wobei die Betonung auf den beiden Vorwärtsschritten liegt.

4. Wenn das Feuer richtig brennt, wird das Gebildebrot ausgeteilt und (Oster-)Wasser oder auch Wein oder Met ausgeschenkt und schweigend eingenommen.

5. Jetzt folgen Lieder, Tänze oder vorgetragene Gedichte, vorgelesene Geschichten, die die neugeborene Sonne verherrlichen. Das Feuer versinnbildlicht die Sonne, und wir geben ihm etwas vom Kultmahl und -getränk. Hier ist Raum für alles, was uns passend erscheint, wir sollten nur bedenken, daß wir die Kräfte eingeladen haben und sie wahrscheinlich auch zugegen sind. Unser Betragen sollte dem Rechnung tragen, daß die Hohen anwesend sind. Wir können auch sinnbildlich schlechte Eigenschaften und Gewohnheiten oder auch Krankheiten oder Feindschaften dem Feuer überantworten, indem wir sie auf einen Zettel schreiben und mit unserer Spucke benetzen.

6. Wir beschließen das Ritual, indem wir über die Glut des Feuers springen, einmal, zweimal oder dreimal. Wenn wir mit unseren Angehörigen (Mann/Frau, Kindern) oder Geliebten darüber springen, bringt das unserer Verbindung Heil und Dauer.

7. Am Ende gehen wir wieder im Kreis, heben ihn auf, indem wir uns bei den Mächten bedanken und die Attribute wieder einsammeln. Wir beginnen wieder im Osten.

Die Sieben ist die Zahl, die die materielle Vollendung (die Vier) mit dem Geist (der Drei) verbindet. Sie sollte allen Ritualen als Muster zugrundeliegen.

Der Heilige Abend

Da, wie schon gesagt, die Wende erst am dritten Tag offenbar wird, können wir das Feuer auch am Heiligen Abend durchführen, wenn auch leicht abgewandelt, denn nun kommt es nicht mehr darauf an, der Sonne bei ihrem Umschwung zu helfen, sondern der ist vollzogen und wir freuen uns darüber!

In den Mittelpunkt des Heiligen Abends gehört natürlich der Weihnachtsbaum oder ein anderes Sinnbild für den Lebensbaum, der geschmückt im Zimmer steht. Der Ablauf an diesem Abend wird sicherlich von den Gewohnheiten geprägt und davon, ob man bei seinen Eltern ist oder selbst kleine Kinder hat oder mehr mit Gleichaltrigen gemeinsam feiert. Wichtig für das Gelingen des Festes und einen harmonischen Heiligen Abend erscheint mir aber, daß gewisse Bestandteile nicht fehlen. So sollten wir – vor oder nach der Bescherung – singend, räuchernd und Osterwasser oder Quellwasser in unserer Wohnung und in unserem Garten verspritzend, unseren Umkreis abgehen. Das heißt darbringen: Wir teilen unsere Freude anderen mit und verströmen unsere Odkraft. Wir geben unseren Tieren und Pflanzen besondere Gaben, wir beziehen die ganze nicht-menschliche Welt mit ein, bis hin zu den Sternen.

Sehr gut, gerade auch für die Einbeziehung von Außenstehenden, ist das Kultspiel, das heißt die sinnbildliche Aufführung des kosmischen Geschehens, was durchaus nicht trocken und ernst sein muß, sondern auch lustig dargebracht werden kann.

Für die Einzelperson ist es gut, sich an diesem Abend auch für eine Zeit zurückzuziehen, um Innezuhalten. Sei es, daß man zu seinem Lieblingsbaum geht, um mit ihm Zwiesprache zu halten, sei es, daß man vor einer Kerze meditiert, oder sei es, daß man meditativ zu einem Baum wird: Man stellt sich vor, wie die Wurzeln tief ins Erdreich dringen und die Äste hoch in den Himmel ragen; wie der Wind uns wiegt, die Sonne von unseren Blättern aufgefangen und umgewandelt wird, wie die Wurzeln die Mineralien und das Wasser aus dem Boden aufnehmen.

Letzteres ist aber auch gut als geführte Meditation in einer Gruppe zu machen.

Aus Erfahrung ist dringend zu empfehlen, sich innerhalb der Gruppe/Familie, die gemeinsam den Heiligen Abend verbringt, rechtzeitig über den Ablauf zu verständigen. Das muß nicht streng nach Fahrplan eingehalten werden, aber als Gerüst ist es äußerst wichtig, sonst wird die Kraft nicht genügend gebündelt und alles läuft auseinander und zum Schluß ist jeder unzufrieden. Gerade auch mit Kindern, die ja meist nur der Bescherung entgegenfiebern, ist diese Absprache wichtig.

Bestandteil unseres Festes sollte gerade heute auch sein, daß wir den Bäumen Dank sagen, die unser Klima im Gleichgewicht halten, unseren Sauerstoff erzeugen und den fruchtbaren Ackerboden vorbereitet haben. Heute brauchen die Bäume uns. Im Gebet senden wir Gedanken aus, beten wir also für die Bäume, schaffen wir ein Gedankenbild der Gesundheit und Kraft. Das mag uns nicht viel erscheinen, aber das wenige, das wir tun können ist tausend Prozent mehr, als wenn wir gar nichts tun.

Der erste und zweite Weihnachtstag

Die bisher genannten Elemente können auch an den Weihnachtstagen durchgeführt oder wiederholt werden. Für diese und die folgenden Tage und Nächte bis zum 6. Januar gilt allgemein, daß alles, was wir in dieser Zeit tun, Samen legt für das ganze kommende Jahr. Jeder diese zwölf Tage stellt einen Monat des kommenden Jahres dar. Legen wir also ein gutes Grundmuster!

Zugleich ist diese Zeit besonders zum Losen und Raten, also Orakelbefragen geeignet, da der Keim des Kommenden verdichtet schon vorhanden ist und in dieser Zeit anwesend.

Wichtig ist, diese Zeit des Stillstandes, des Innehaltens, möglichst als solche zu erleben. Wir sollten uns ausspannen und offen halten für das, was uns eingegeben wird. Dies richtig durchgeführt, insbesondere in der Begegnung mit der Natur und vor allem Bergen, kann uns vor schweren Fehlern bewahren und damit viel Zeit sparen. Wenn wir mit den Rhythmen und der Zeitqualität leben, sparen wir viele Kraft durch verminderte Reibungsverluste.

Die Literaturhinweise geben weitere Anregungen, sich mit dem Feiern des Weihnachtsfestes und jahreszeitlicher Feste überhaupt zu befassen. Wenn diese Hinweise nicht eingeengt haben, sondern Türen für eigene Entwicklungen aufgestoßen, dann haben sie ihren Zweck erfüllt.

Anhang

Zur Geschichte des Weihnachtsfestes

Nach Dr. Adolf Spamer zusammengefaßt von Andreas Lentz

Im Weihnachtsfest vermischen sich vorchristliches Zauber- und Glaubensgut des Hochwinters mit Bräuchen des römischen Jahresbeginns und christlichen Zutaten, Umgestaltungen und neuen Ausdeutungen. Der um das Jahr 1170 erstmals schriftlich bezeugte Festname scheint trotz des Fehlens althochdeutscher und gotischer Belege heidnisches Altgut zu sein (*ze dem wihen nahten* = in den geweihten Nächten), doch deuten ihn manche auch als eine Übersetzung aus *nox sanctissima* und setzen seine Entstehung nach der Mainzer Synode von 813 an, die die Feier des Christgeburtsfestes für Deutschland verbindlich erklärte. Jedenfalls bleibt bei der Annahme eines vorchristlichen Ursprungs die Frage offen, wem diese Nächte geweiht waren.

Die von Beda für den Jahresanfang der Angelsachsen belegte Bezeichnung *módraniht* (= Mütternacht) weist auf einen Matronenkult hin, der bisher in der Regel für keltische Eigenbildung galt.

Während Origenes im 3. Jahrhundert Geburtstagsfeiern als heidnische Sitte ablehnte und das frühe Christentum nur die Taufe des Heilandes am 6. Januar feierte, entschloß man sich ein Jahrhundert später unter dem Einfluß gnostischer Erwägungen zu einer Festlegung des Geburtsfestes auf den 25. Dezember. In den Kirchen Roms führte der Papst Liberius die Christgeburtsfeier 354 ein, worauf sie sich noch im gleichen Jahrzehnt am kaiserlichen Hof einbürgerte. Die Wahl dieses Tages wäre in ihren Motiven unschwer erkennbar, auch wenn sie uns nicht der syrische Mystiker Ben Salibi in voller Offenheit dargelegt hätte. War doch der 25. Dezember der Festtag des *sol invictus* (der unbesiegbaren Sonne), der römische Wintersonnenwendtag, den man mit Feuern und Lustbarkeiten feierte, und zugleich der Geburtstag des Mithras, des obersten Herren des Lichtes, dessen Kult eine dem Christentum gefährliche Volkstümlichkeit anzunehmen drohte.

Die Ansetzung des Geburtstages des christlichen Gottessohnes und *lux mundi* (Licht der Welt) auf den 25. Dezember war also eine kluge Christianisierungsmaßnahme, die das heidnische Brauchtum und Gedankengut der Wintersonnenwende mit Erfolg aufzufangen versuchte. Auch die päpstliche Festlegung des Neujahrsbeginns auf den Christgeburtstag im 9. Jahrhundert entsprang denselben kirchenpolitischen Erwägungen, nämlich der Aufsaugung der im Volk noch lebendigen Saturnalien (17.–23. Dezember) und Kalenderbräuche (1. Januar) in ein rein christlich gewandeltes Kultfest. Hatten sich doch insbesondere letztere weit über die Grenzen des römischen Imperiums ausgebreitet.

Ein Brief des Bonifatius an den Papst Zacharias von 742, in dem der Mainzer Bischof sich darüber beschwerte, daß die törichten Alemannen, Bayern und Franken in Rom skandalöse Dinge zum Kalendenfest annähmen, veranlaßte schon im folgenden Jahr das römische Konzil zu einer Verurteilung dieses außerchristlichen Straßentreibens.

Die Christgeburtsfeier scheint über das kirchliche Leben hinaus kaum vor dem 14. Jahrhundert tiefe Wurzeln im Brauchtum breiterer Volkskreise gefaßt zu haben. Der Gregorianische Kalender, der den Neujahrstag wieder auf den 1. Januar zurückverlegte, fand in den deutschen Ländern nur langsam, in evangelischen Gegenden vielfach erst um 1700 Eingang. Inzwischen hatte der Protestantismus das Weihnachtsbrauchtum, anknüpfend an die schon im ausgehenden Mittelalter bezeugte Kinderbescherung, zu einem ausgesprochenen Haus- und Kinderfest umgeschmolzen, das sich in den Städten im wesentlichen auf die von Weihnachtsliedern umrahmte Geschenkfeier unter dem Tannenbaum beschränkte. So lebt das vorchristliche Geistertreiben in den geweihten Nächten stärker im Süden als in Mittel- und Norddeutschland nach.

Die Bräuche der Landbevölkerung, ihr »Aberglaube«, mag noch manche interessante Aufschlüsse bringen. Gerade zu Weihnachten, in den zwölf heiligen Nächten, meinte man mit Zauber und magischen (sinnbildlichen) Handlungen das kommende Jahr zum Guten hin beeinflussen zu können. Wie die Mitternacht die »Geisterstunde« ist, so empfanden unsere Vorfahren die Mitternacht des Jahres als eine bedrohliche, gefährliche Zeit, wo Unholde und böse Geister unterwegs waren, vor denen man sich schützen mußte. So wurden Strohbüschel oder andere Amulette aufgehängt, eine Axt vor die Tür gestellt oder viele Lichter entzündet.

Auch das Vieh wurde in diesen Tagen besonders versorgt, um es im kommenden Jahr vor Krankheit zu bewahren, mancherorts erhielt es neunerlei Futter oder besondere Leckerbissen von der Tafel der Menschen. Oder man ließ am Weihnachtsabend Hunde, Hühner, ja selbst Kühe vom Wohnstubentisch fressen, als Sinnbild der engen Gemeinschaft zwischen Mensch und Tier in dieser geheiligten Wundernacht, in der die Tiere reden und den Menschen ihr Schicksal voraussagen können. Unter den besonderen Speisen finden sich immer wieder Brot und Salz, Lebkuchen und Knoblauch.

Aber auch die Obstbäume erfahren die gleiche brüderliche Liebe wie die Tiere, indem man an ihnen Weihnachtsspeisen niederlegte, sie mit Knochen, Klößen, Kuchen und Äpfeln behängte, mit Milch oder mit dem Wasser tränkte, in dem das Festessen gekocht ist.

Weihnachten, die große Freinacht der schädigenden Geister, gibt den Menschen die Möglichkeit, von sich aus das eigene Schicksal durch kluge Vorsicht, Belauschen des Geschehens und Zauberbrauch zu lenken, so gestattet es zugleich Blicke in die schicksalsgebundene Zukunft. Alle Losspiele, Glücks- und Liebesorakel ballen sich in der Weihnachtsnacht zusammen, und während die Männer bei ihnen an Leben und Tod in Haus und Hof denken, versuchen die Mädchen ihren Zukünftigen, den Termin der Heirat oder die Sicherheit ihrer Dienststelle zu erkunden. Vor allem aber beobachtet man das geheimnisvolle Geschehen in der Natur oder in der Christmette und zieht seine Schlüsse selbst aus der Gestalt und dem Schmuck des Weihnachtsbaumes, der Zahl seiner Kerzen, der Art ihres Abbrennens. Man belauscht in der Weihnacht das Gären des Weins und schließt auf ein gutes Weinjahr, wenn sich an den Kufen ein Klopfen bemerkbar zu machen scheint, glaubt an ein glückliches Bienenjahr, wenn die Bienen zu summen beginnen, nachdem der Bauer ihnen verkündet hat, daß heute der Heilige Abend sei. Daneben macht sich immer wieder der Wille geltend, das Schicksal durch eigenes Tun zu meistern.

So schneidet man sich, um reich zu werden, in der Christnacht eine Wünschelrute, trägt um Mitternacht dreimal eine Totenbahre um die Kirche, legt einen Karpfenschuppen in den Geldbeutel und sucht im Kopf des Karpfens den glückbringenden Karpfenstein. Denn Tun oder Versäumnis entscheiden über das persönliche Schicksal des ganzen kommenden Jahres.

Vor allem mißt man den Speisen eine besondere Bedeutung zu. Erwuchs doch die Redensart, daß Essen und Trinken Leib und Seele zusammenhalten, dem ganz leibhaftigen Glauben an die Schutz- und Zauberkraft des Essens.

Sicher spielt bei der Fülle des Essens (und Trinkens), die selbst noch heute in unseren Weihnachts- und Neujahrsessen wie in den bäuerlichen Vorschriften, siebenerlei oder neunerlei zu genießen, von Bedeutung ist, zugleich der (noch sehr lebendige Glaube mit), daß dieses vorbedeutend für den Wohlstand des kommenden Jahres sei. Daneben aber kommt es wesentlich auf die Art der Gerichte an, bei denen zu Weihnachten die keimenden und quellenden Speisen im Vordergrund stehen: Bohnen, Linsen, Erbsen, Hirse und Fische mit Rogen.

In Schweden buk man aus dem Mehl der letzten Garbe ein Weihnachtsbrot, und man verzehrte einen Schweinskopf als Weihnachtsmahl. Dies mag auf Freyr, den Gott der Fruchtbarkeit verweisen, der der Sage nach auf dem Eber Gullinborsti (Goldborst) ritt. Neben dem Schwein haben aber auch Gans, Hirsch, Hase und Karpfen mythische Bedeutung, und in dem Festmahl findet eine Ver*mähl*ung mit der Essenz dieser Tiere statt. Genauso betrifft dies natürlich die pflanzliche Nahrung.

Des weiteren sind bis heute in den Spekulatius und anderem Gebäck manche symbolische Formen erhalten, deren Verzehr ebenfalls kultisch eine Vermählung mit dem

Wesensgehalt dieser Sinnbilder bedeutet; so die Brezel als Darstellung des leibgebundenen Lebens, die Rautenform für das fruchtbare Beet, das Lebkuchenmännchen als Symbol des gesunden, ganzen Menschen.

Beachten wir weiter, was wir an den Weihnachtsbaum hängen: die Kugel als Sinnbild der Ganzheit, die Nuß und den Apfel als älteste Nahrungspflanzen (noch vor dem Getreide), die Kerzen als Lichtträger usw. All dies versammeln wir um die Jahreswende, alles was Fülle und Glück bedeutet, um damit magisch am Ausgangspunkt des Jahres dies alles für das kommende Jahr herbeizuzaubern – dies ist noch heute tiefenseelischer Grund des Schenkens, auch wenn es heute die Erzeugnisse einer entfesselten Industrie sind.

Die Geschichte des Weihnachtsfestes ist zugleich die Geschichte unserer Kultur. Die anfänglich »primitive« (d.h. *ursprüngliche*) Schau von der Wiederkehr des Lichtes, von den elf Tagen und zwölf Nächten, die das Sonnenjahr von 365 1/4 Tagen länger ist als die 12 mal 29 1/2 Tage des Mondjahres, und die deshalb auch als »zwischen den Jahren« bezeichnet werden prägt sich aus in Göttergestalten. Diese leben in Verkleidungen noch fort, so Knecht Ruprecht (»Hruodhperaht«, der »Ruhmumglänzte«) oder Sankt Nikolaus (nach dem alten deutschen Wassergott »Hnikar«, vergl. *Neckar*), beides Namen, die zugleich Beinamen Odins waren; oder Frau Holle oder Berchta (die »Holde« und die »Bergende«), die Gestalten der Muttergöttin sind.

Um die heiligste Zeit des Jahres bilden sich viele Bräuche, die der fortwährenden Bezogenheit der Menschen mit der Natur und übernatürlichen Mächten Kraft und Ausdruck verleihen. Mit dem Aufkommen des Christentums werden die alten Bezogenheiten auf die erlebbaren Naturkräfte verteufelt, viele Bräuche verboten und mit schwersten Strafen (bis zu Folterung und Tod) belegt, die nicht auszurottenden Urbilder christlich umgedeutet, aber damit ihrer Wurzeln beraubt.

So bleibt immer weniger vom *Sein* des Weihnachtsfestes. Wie unsere ganze Kultur immer mehr zum *Haben* geht, so wird auch das Fest immer mehr zum Ausdruck von materiellem Besitz. So sind wir heute wohl am Tiefpunkt angelangt, aber die Geschichte des Weihnachtsfestes ist so lange nicht zuende, wie es Menschen gibt, die versuchen, dem Weihnachtsfest das zukommen zu lassen, was es uns gewährt: die Neugeburt des Lichtes.

Zu den Autoren:

Wolfgang Bauer ist Psychologe und befaßt sich seit vielen Jahren mit Volkskultur und magischen Bräuchen, in denen er auch praktizierte Psychologie sieht.

Dolores LaChapelle ist passionierte Bergsteigerin und zugleich in der Erwachsenenbildung tätig. Sie lebt in den Rocky Mountains und führt dort in ihrem »Way Of The Mountain Center« Kurse durch, die der Reintegration von Mensch und Natur dienen.

Lorenz Konrad ist praktizierender Heide und lernender Lehrer in der Erwachsenenbildung. Er lebt zurückgezogen als Gärtner im Elsaß.

Andreas Lentz ist Verleger, der sich auch als Autor versucht. Ihn interessiert besonders, das »alte Wahre«, von dem Goethe in seinem »Vermächtnis« spricht, dem heutigen, einseitig rational bestimmten Menschen nahezubringen.

Baldur Springmann kennt man als den »Öko-Bauern«. Nach Erfahrungen in und Lehren aus der Grünen Bewegung sieht er die Notwendigkeit einer vor allem geistigen Neuorientierung, die er – als Bauer auf dem Altenteil – nun als Schriftsteller fördern möchte.

Mellie Uyldert hat in ihrer Heimat Holland einen Namen als Kräuterfrau. Sie ist in den alten Wissenschaften der Frau bewandert (Heilkunde, Astrologie, Symbolkunde udgl.), die sie in einer ihr eigenen Synthese seit Jahrzehnten durch Bücher und Vorträge und eine eigene Zeitschrift dem heutigen Menschen vermittelt.

Literaturhinweise

Neben der bei den jeweiligen Kapiteln genannten Literatur sind folgende Titel entweder für die Arbeit an diesem Buch herangezogen worden, oder sie werden als weiterführende und ergänzende Literatur empfohlen.

Damböck, Michael: Das deutsche Jahr – *Ardagger, 1990*

Hammerbacher, Hans Wilhelm: Das festliche Jahr – *Wörth, o. J.*

Köhn, Heidrun und Michaelis, Gernot (Hrsg.): Lieder zur Weihenacht – *Baden-Baden, 1981*

LaChapelle, Dolores: Weisheit der Erde – *Saarbrücken 1990*

Lauffer, Otto: Der Weihnachtsbaum in Glauben und Brauch – *Berlin, 1934*

Murray, Liz und Colin: Das keltische Baumorakel – *München 1989*

Mütsch-Engel, Annemarie (Hrsg.): Bäume lügen nicht – *Göttingen 1984*

von Neményi, Géza: Heidnische Naturreligion – *Bergen/Dumme, 1988*

Ohling, Hertha (Hrsg.): Im engsten Ringe – *Wobbenbüll, 1981*

Pieper, Josef: Zustimmung zur Welt – *München, 1963*

Schiran, Ute Manan: Menschenfrauen fliegen wieder/Die Jahreskreisfeste als weiblicher Initiationsweg – *München 1988*
Spamer, Adolf: Weihnachten in alter und neuer Zeit – *Jena, 1937*
ders.: Sitte und Brauch *aus* Handbuch der deutschen Volkskunde, Band II.
Starhawk: Der Hexenkult – *Freiburg 1983*
Stumme, Wolfgang: Bald nun ist Weihnachtszeit (Ein Liederbuch) – *Bremen, 1983*
Uyldert, Mellie: Kosmische Zusammenhänge – *München 1990*
Wirth, Herman: Die heilige Urschrift der Menschheit – *Leipzig 1928 - 1934/Reprint Saarbrücken 1980 - 1990.*

Weitere Titel aus unserem Verlag:

Die Hohen Steine

Maal, der alte Priester der Hohen Steine, hat nicht mehr lange zu leben. Da tritt sein Nachfolger Wardyke auf den Plan. Aber der nutzt seine Stellung und seine Macht für eigennützige Zwecke und beseitigt Maal. Das junge Mädchen Kyra ist die einzige, die gemeinsam mit ihrem Bruder und dessen Freundin ihrem Dorf helfen kann, die Macht von Wardyke zu brechen. Dies gelingt ihnen durch ihre innere Stärke, nicht durch äußere Macht.

Dieser in der Bronzezeit spielende Roman zeigt das Bild einer hohen geistigen Kultur. Er schildert glaubhaft die übersinnlichen Fähigkeiten und geheimes Wissen, vermittelt zugleich zeitlose Wahrheiten; ein Roman, der seine Leser aufs tiefste anrührt und herausfordert.

Dieses Buch erschien bei
NEUE ERDE

Der Tempel der Sonne

In diesem zweiten Band, in dem die Geschichte von Kyra, Karne und Fern ihre Fortsetzung findet, machen sich die drei auf die Reise zum Tempe der Sonne.

Dort soll Kyra zur Priesterin ausgebildet werden, dort soll sie den Herrn Khu-ren wiedersehen...

...aber hier trifft sie auch wieder auf Wardyke, der seine Kräfte wiedergefunden hat. Selbst der Tempel der Sonne wird von seinen bösen Machenschaften erschüttert.

Zug um Zug schälen sich immer tiefere Bedeutungen und Zusammenhänge heraus.

Dieses Buch erschien bei
NEUE ERDE

Der silberne Strudel

In diesem abschließenden Band um das Schicksal der Hohen Steine und der Priesterin Kyra werden erneut die Fäden des Geschicks aus alter Zeit neu geknüpft. Deva kann ihre Liebe und ihre Rache nicht vergessen, der Geist Wardykes steht wieder auf und auch Maal erscheint, um Kyra schließlich zur Vollendung zu führen.

Die Gebieterin in Grün und der König der Schatten

Moyra Caldecott

Der im Kloster von Glastonbury aufwachsende Waisenjüngling Lukas gerät plötzlich in seine frühere Existenz als keltischer Held der Sagen.

Und diese Vergangenheit lebt fort. Sein Widersacher aus damaliger Zeit ist auch in seinem jetzigen Leben.

Vom ersten Augenblick gefesselt, erleben wir, wie Lukas den Kampf von damals zuende führen muß.

Es geht um magische Kräfte, um die Unterjochung der Natur und ihre Befreiung, um Liebe und um unsere alte Mutter Erde.

Dieser esoterische Roman macht die Urkräfte und ihre Antriebe deutlich. Ein Roman, der auf zwei Ebenen – in grauer Vorzeit und im 10. Jahrhundert – unsere heutige Zeit und ihre Schicksale spiegelt.